Ein Nachschlagewerk erkennt dem »Luftmenschen« vier Eigenschaften zu: Er ist jemand, der seinen Träumen nachhängt, ein unpraktischer, aber optimistischer Zeitgenosse, ein empfindsamer, poetischer Charakter, der, ohne gesicherten Beruf, sein Leben nach eigenen Vorstellungen gestaltet. Wie aber sind die Geschäfte dieses »Luftmenschen« beschaffen, zumal wenn er auf seinem Terrain par excellence, der Poesie, unterwegs ist? Dieser Frage geht Christoph Meckel in seinen im Wintersemester 1988/89 an der Frankfurter Johann Wolfgang Goethe-Universität gehaltenen Vorlesungen nach. In fünf nächtlichen Unterredungen mit Cecco d'Angiolieri, dem 1260 geborenen, 1313 gestorbenen poète maudit, werden die Poesie und ihre Wirkungen, ihr Material, ihre Struktur untersucht. Und es zeigt sich: Bestimmungen über Poesie sind nicht möglich, nimmt man Poesie ernst: »Daß man nicht redet über Poesie. Daß man Sätze sagt, eigene und andere, die den Vers ergänzen im Umkreis von Poesie; die Poesie sind auf diesem zertrampelten Weg. Was zur Literatur geäußert wird, kann wieder nur Bestandteil von Literatur sein. Was aus der Poesie heraus gesagt wird, führt unmittelbar in die Poesie zurück.«

Christoph Meckel

Von den Luftgeschäften der Poesie

Frankfurter Vorlesungen

Suhrkamp

edition suhrkamp 1578
Neue Folge Band 578
Erste Auflage 1989

Erstausgabe

Satz: Leingärtner, Nabburg
Druck: Nomos Verlagsgesellschaft, Baden-Baden
Umschlagentwurf: Willy Fleckhaus
Printed in Germany

1 2 3 4 5 6 – 94 93 92 91 90 89

Inhalt

Erste Vorlesung

Erste Nacht

Ein Satz wird gesprochen, ein Name genannt, und die Zeit beginnt.

Ich bin schlaflos in der Septembernacht, gute Schlaflosigkeit, denn sie ist erwünscht, es gehört dazu ein Glas Wein und etwas Brot. Die Tür ist zum Berghang hin geöffnet, ein Wind gibt Auskunft über Bäume im Dunkeln. Ein Igel schabt an der Mauer entlang, ein Käuzchen wiederholt sein ödes Signal, der Schreibmaschinenvogel klappert im Haus. Das Gehör nimmt uneingeschränkt die Stille wahr, der Gedanke kommt zu sich selbst, Atem und Körpergefühl stimmen überein. Die Hundstage sind vorbei, der schwere Sommer wird leicht. Es gibt an den frühen Vormittagen ein Licht, das hier seit Monaten nicht vorhanden war, es engt die Materie nicht mehr ein, unterscheidet wieder zwischen Nähe und Ferne, verschleiert nicht Erscheinung, Gestalt und Form. Zur Heiterkeit dieser Tage gehört der Tau, Gräser und Spinnwebschalen voll von Tau, ein Schimmer, der Tropfen in Schleiern zusammenzieht, flüssige Dentellen im frühen Licht, unzähliges Funkeln. Die ersten Zugvögel sammeln sich zwischen den Bergen, über den Friedhöfen, auf dem Hochplateau, dort verfallen Kränze aus Blech und Glas. Die Gegend sieht weiterhin nach sich selber aus, die Erscheinung ist noch erhalten, der Anblick täuscht, die Gewißheit von Luft und Wasser ist vorbei. Es ist das alltägliche Dasein im Paradox, die gewöhnliche, niemals gewohnte Illusion. Ich bin in den Jahreszeiten von Kind an zu Haus, in der Landschaft so gut und so gern wie in Metropolen, es gab Jahreszeiten, die ich versäumte, dann stellte ich fest, daß mir etwas fehlte. Das Fehlende verteilte sich im ganzen Jahr, es blieb durchdringend als Versäumnis spürbar.

Dieses Jahr – ein Satz von André Gide – habe ich meinen Frühling wieder verfehlt. In diesem Jahr, kann ich heute sagen, habe ich mir den Sommer zu eigen gemacht. Etwas Fehlendes macht sich nicht bemerkbar. Was mir im Raum nicht gegenwärtig ist, scheint weder abhanden noch schwer zu erreichen. Die schönsten Preislieder auf die Sonne werden in Finsternis und Nebel gemacht. Die schönsten Preislieder auf die Sonne werden im Licht der Sonne gemacht. Jean Giono verzichtete auf Wein, um sich die Lust auf Wasser zu erhalten, etwas Elementares nicht zu vermissen. Der Epiker der Provence und des südlichen Lichts liebte nicht die Sonne, sondern den Schatten, er träumte von Schottland, von nördlichem Zwielicht und Regen, der bäuerlich-seßhafte Mensch übersetzte den *Moby Dick*. Es gibt keinen Menschen, sagt Jubal der Tagdieb, der das Gewünschte und das Notwendige ganz beisammen hat, und keinen, der das Gewünschte und das Notwendige ganz vermißt. Nichts, was nicht fehlen könnte, alles kann fehlen, oder kann als fehlend erfahren werden – ein Spielzeug, ein Mensch, eine Utopie, eine Sprache, ein Meer, eine Herkunft, und Geld, und Tod. Nichts, was nicht als wahr oder wirklich erfahren würde, geglaubt, beglaubigt oder veranstaltet würde, in Metaphysik oder Mystik und Ideologie, ihren Trends und Ausverkäufen up to date. Wovon die Sprache sich nährt und womit sie ernährt wird, wovon ein Hirnhund den Vers und sich selbst ernährt, aus Defizit oder Fülle von Welt und

Zeit, Vision und Atem, aus Bejahung, *Neinsein* und l'air vivifiant de l'échec, das steht für den Homo faber dahin, das begründet die Tonart von Sprache, doch nicht ihren Wert. Verzweiflung ist weder falsch noch Zuversicht richtig, Optimismus, Pessimismus und so fort – Spielarten ohne Bedeutung für Poesie. Gottesferne, Gelächter der Hölle, oder Sehnsucht nach Erlösung, Betäubung, Rausch – das kann sich als zwingend oder unhaltbar erweisen, als zauberhaft, überzeugend oder fatal. La chair est triste, hélas, et j'ai lu tous les livres. Das Fleisch ist trauernd, ach! und alle Bücher las ich. Die berühmte Zeile von Mallarmé hat von Jorge Guillén eine passende Antwort erhalten:

> O nein, nicht traurig ist das Fleisch, ich las nicht alle Bücher.
> Niemals wird Überdruß die Hände mir und Augen lähmen.
> So ungeheuer ist die Stunde – ich schöpfe sie nicht aus.
> Nie ist das Nichts so groß wie in den eitlen Klagen.[1]

Lebensgefühl, wenn ich früher davon sprach, in den deutschen fünfziger Jahren zu sprechen versuchte, blieb das Wort an mir hängen, die Sache auch. Man schien nicht zu wissen, was das ist, man schien auf Lebensgefühl verzichten zu können, auf Entsetzen oder Entzücken verzichtet zu haben, das Wort wurde nicht vermißt, es klang fatal. Mir scheint: viel Zeit verging ohne Lebensgefühl, das konnte einmal heißen *ohne Mangel,* und zehnmal heißen *ohne Erschütterung,* es traf auf ein paar verschonte Länder nicht zu. Heute ist das Wort nicht mehr

1 Jorge Guillén, *Ausgewählte Gedichte,* Frankfurt a.M. 1974

fatal, es wird schon fast im Feuilleton verbraucht, doch bleibt es im Zustand der Welt ein genaues Wort, das immermehr Fehlendes aufruft oder begräbt.

Aus dem, was Einzelnen oder Vielen fehlt, kommen ungeheure Kräfte in die Kunst. Mangel steigert Vision, Phantasie und Zorn, begnügt sich nicht mit Hoffnung, beginnt zu handeln, fordert Erkenntnis durch Sprache und zweifelt nicht, daß Poesie wie Luft unentbehrlich ist, als Element der Sprache, als Form, als Gedicht, notwendig auch für den, der sie nicht erfährt. Die beliebte Frage *Warum schreiben Sie*?, mit der jeder Autor in Deutschland beworfen wird (in dieser von Fortschritt und Nützlichkeitszwang erschöpften, von Angst und Therapie gequälten Gesellschaft), ist nicht möglich in einem Land, wo Mangel herrscht, nicht zu hören dort, wo das Dasein in Frage steht. Das Selbstverständliche wird dort nicht befragt, es wird dort nicht bezweifelt, es wird gebraucht. Ich wurde in Brasilien nicht gefragt, in Italien, Polen und Israel nicht gefragt. Ich wurde in USA und Australien gefragt, ich wurde an keiner Stelle von Kindern gefragt. Ich wurde von Gaunern und Spielern nicht gefragt, von Alleinunterhaltern und Outcasts nie gefragt. Ich wurde von Kritikern und Sozialarbeitern, von Weißen Westen aus Wirtschaft und Industrie, von Professoren, Lehrern und Eierköpfen, doch nicht von Handwerkern oder Bauern gefragt. Ich werde in Deutschland gefragt, wovon ich lebe, wovon ich denn eigentlich existieren kann. O wie gut, daß niemand weiß! Undurchsichtigkeit der Luftgeschäfte! Wie gut, daß der Fragende sich für tüchtig hält, so kann er glauben, daß er besser lebt.

Die Poesie des Jahrhunderts kommt zumeist aus Mangel. Wo fängt die Liste derer an – sie hört nicht auf –, die aus Fehlendem Reichtum der Sprache machten. Gertrud Kolmar machte ihr Kind aus Gedichten, Zeugung, Geburt und Leben – aus fehlender Liebe. Nazim Hikmet, in türkischen Kasematten, schrieb Menschlichkeit, Liebe und Zukunft – aus fehlender Freiheit. Fernando Pessoa, anonym in Büros existierend, erfand ein paar neue Dichter und ihre Werke, Ästhetiken und Poetiken reihenweise – aus Mangel an portugiesischer Weltpoesie.

Das sind ein paar Sätze, nebenbei gesagt. Sie sind keineswegs nebenbei gesagt. Sie sind in einer Nacht auf dem Land gesagt, in vollkommener Illusion aus Duft und Stille, die ich gebrauche, denn ich kenne sie. Der nächtliche Augenblick gibt mir die Gewißheit, daß ich im Fehlenden und in der Fülle bin, in der Materie und im Raum ohne Stoff, auf Vermögen und Unvermögen gut verteilt, im von mir Gemachten und Gelebten zugleich, und daß ich damit kein Verdienst behaupte, sondern im Menschenmöglichen atmen kann.

Es ist eine schöne Sache um die Natur, sagt Valerio, aber sie wäre doch noch schöner, wenn es keine Schnaken gäbe. Es gibt Schnaken, Fliegen und schwarze Schmeißen, in das offene Zimmer gelockt vom Schein zweier Kerzen, sie wirbeln um die Ohren und taumeln ins Feuer, mittlere Helicopter mit bebenden Gliedern, ein Schwärmer dreht sich mit schnurrenden Flügeln am Boden, erschöpfte Motten flattern am Fensterglas. Daß ich beim Licht zweier Kerzen wach bin, liegt am Stromausfall, der hier chronisch ist. Die Kerze ist kein Vehikel für schöne Launen, alles hängt an diesem Stromausfall, ein Nachtgewitter und fertig, der Strom bleibt weg. Es ist ein sehr empfindlicher Fortschritt hier, Kerzen und Feuerzeuge in allen Zimmern. Ich habe lange und oft in Provinzen gelebt, die der Strom nur als Rinnsal oder nie erreicht, in Häusern ohne Antenne und ohne Licht. Elektrogeräte sind dort umsonst, die elektrische Schreibmaschine ist kurios, und die Arbeit an einem Computer bleibt Vision. Ich gehe mit einfachen Geräten um. Mir fehlt die Seßhaftigkeit und der Einrichtungswille, meine Schreibmaschine ist ein Reisemodell, ein solides Hammerwerk, bejahrt und laut, das die Arbeit an zahllosen Fassungen mit mir teilte. Ich bin ein Partisan der Handschriftlichkeit, und jedes meiner Satzzeichen ist verfaßt, vom einzelnen Buchstaben geht mein Handwerk aus. Das Grafische im Schriftbild, in Handschrift und Druckschrift, die Typografie eines Bogens, bedeckt mit Zeilen, ein einzelnes Wort auf einem Stück Papier, die schnelle Notierung auf einem Flugbillett, weil kein anderes Schreibzeug vorhanden war – das sind sehr persönliche Eigenheiten des Machens, sie machen viel im Vergnügen des Handwerks aus. Ich schreibe nicht Sprache, ich mache sie. Die eigene Handschrift entziffern zu können, sagt Jubal der Tagdieb, dies und nichts anderes ist dein Talent.

In dieser Nacht steht die Schreibmaschine am Boden, der Tisch ist mit geöffneten Büchern bedeckt, Wörterbüchern massiv wie Bibeln, Goldschnitt-Asylen für ungebrauchte Vokabeln, Literaturgeschichten mit Illustrationen, Stockfleckschönheit der Blätter und Seidenpapiere, Kupferstiche der Dichter und ihrer Köpfe (Laureaten oder Hasardeure, ihr gemeinsames Grab ist die Philologie), Handschriften, Notenblätter und Namenszüge, hübsche Veduten in ausgesuchtesten Farben, grün wie Ostergraswiesen, blaustichig wie Grotten, die Schauplätze der Genies und ihrer Gestalten – Goethe, verdrossen im Wettermantel, Stendhal vor einer Chartreuse, in Gesellschaft von Damen, Hebbel und Eichendorff in ihrer Würde, für den Briefmarkenzeichner der Zukunft hingestellt. Ich habe Gedichte des Angiolieri gelesen, die oft gelesenen Sonette wiedergelesen, an verschiedenen Orten, zu verschiedenen Zeiten, mit verschiedener Erwartung oder ohne Grund – Gedichte lesen heißt *in der Sprache sein* – und in dieser Nacht noch einmal für mich entdeckt. Ich habe mir seine Verse zu eigen gemacht, sein Dasein, sein Leben und seine Biografie, die wenigen Daten und die Kommentare, es ist ein Werk, das nur aus Sonetten besteht. Cecco D'Angiolieri, Antiklassiker seiner Zeit, Antipode und Feindfreund des Dante Alighieri, Stronzo der Poesie vor siebenhundert Jahren, aus Siena stammend und von Adel, Sohn eines Bankiers im Dienst des Vatikan. Angiolieri hat ein paar Jahre in Rom verbracht, am Hof des Kardinals Riccardo Petroni, niemand weiß, was ihn dort gehalten hat, welche Art von Gesellschaftlichkeit und wieviele Frauen, freier Zugang zu Weinkeller, Puff und Spieltisch, der halboffene Käfig eines Mäzens? Ein Ausbrecher, der seine Herkunft verhöhnte, danach in Armut oder Verruf existierte, das geizige Elternhaus verfluchte, mit Becchina, seiner Geliebten, in ständigem Streit, immer mal wieder mit dem Gesetz in Konflikt – eigenmächtige Entfernung vom Heer, Widerstand gegen die Häscher der Polizei, Mißachtung der Polizeistunde, Streunen und Prügeln – Angiolieri, der Schläger. Haß und Spott auf die Mitwelt schmeißend, Aggressionen aus Schwarzgalle, Zorn und unheimlicher Lachlust, ein ganz unchristliches Individuum, in Würfelspielen und Schenken sein Leben verbrauchend, von Liebesaffairen beflügelt und niedergeschlagen, geplagt von der *malenconia* des Trinkers – Schuldgefühl, Ungenügen und lastender Unmut –, ein Draufgänger, der sich bei Licht vom Schlachtfeld entfernte, ein offenbar sorgloser Deserteur, der sein Kriegszeug, Rüstung und Waffen, für Wein in Schenken versetzte. Weinschlucker, Schandmaul, Lidrian – was noch? Provokateur aus Vergnügen und ohne Grund, *Messer Spina*, ein typisches Stachelgeschöpf, ein Haderlumpen, ein chronischer Destrukteur – dessen Versbau perfekt und hinreißend funktioniert, synkopische Architekturen aus Wut und Witz. Die Existenz des Menschen ein Querschlag, ein lebendiger Mann, dem Dasein ausgesetzt, verwerfend, was ihm vorgeben war, Wohlstand und Würde der Nobilität, Karriere und Ansehn im Glashaus der Guten Gesellschaft, angeln, jagen und reiten, das macht er auch. Ein Schlump, der sich nur in Sonetten befestigen konnte, das wirft ihm die Meinung des Bürgers vor. Ein Poet, der sich nur in Reimen befestigen wollte, das ist in der Wertschätzung seiner Freunde viel. 1260 in Siena geboren, 1313 ist er tot, unbekannt, auf welche Weise er starb (dreiundfünfzigjährig wie ich selbst, er aber gleichaltrig tot und ich am Leben), Schulden hinterlassend und fünf Söhne, die außerstande sind, sie zu bezahlen. Heute wird er – wie könnte es anders sein – als poète maudit und als Vorläufer aufgefaßt, er wird in der Retrospektive dazu bestimmt, literaturgerichtlich eingeordnet, über- und untergeordnet, weggeordnet, eine Brudererscheinung von Bellmann, Villon, Corbière, des Wolkensteiners, des Archilochos. Sein Gedicht ist frisch, es bleibt neu wie im ersten Moment, es behält die Lebendigkeit des ersten Atems, es liegt bereit, zur *Abholung bereit*, in Sammlungen seiner Sonette und Anthologien, vielleicht in Hinterfächern von Bibliotheken, in Adaptionen und Thesen, es ist nicht viel. Zwischen den Daten des Daseins fehlen zehn Jahre, und es ist möglich, daß er in Deutschland war. Ein Sonett, ihm zugeschrieben, scheint zu beweisen, daß er dort als Gast oder Söldner war:

Ich grüße dich, mein Freund, wie Allerseelen
aus diesem dreckigen und deutschen Reich.
O gute Griechenweine, die mir fehlen,
in Mengen sauf ich Biere faulig seich.

Statt heller Gärten, festlicher Terrassen
hab ich hier Berg und Schatten, Schnee und Laus,
und einen Bauernsack, nicht anzufassen,
trag ich statt feiner Linnen wie zuhaus.

Verspotte mich und diese Schmach des Lebens!
Nach einem Tischtuch sehnst du dich vergebens
und löffelst hier aus einem Topf mit sechsen.

Servietten gibt es nirgend auf den Tischen
und wenn von Saft und Fett die Lippen klecksen
mußt du den Mund mit deinem Ärmel wischen.[2]

Es gibt in jedem Werk ein paar Vorzeigestücke, einzelne Verse aus dem Massiv gebrochen, aus Zusammenhängen des Atems, und ausgesetzt, Standards der Anthologie, man erkennt sie wieder (schlafende Drachen aus lyrischer Unterwelt). Das ist der Tristan von Platen, der Rabe von Poe, ein paar Verse von Keats oder Puschkin in jedem Schulbuch, es ist die Pansmusik von Oskar Loerke und es ist die Todesfuge von Paul Celan, die Inventur von Eich und der Orpheus von Rilke, es ist die Schöne Unbekannte von Block. Es ist Leopardis *A se stesso,* An sich selbst, ein Gedicht, das Angiolieri beglaubigen könnte:

2 Cecco Angiolieri, *Rime*, Biblioteca Universale Rizzoli, Milano 1979 (Übersetzung Christoph Meckel)

Nun magst du ruhn für immer,
Mein müdes Herz. Es schwand die letzte Täuschung,
Die ewig ich gewähnt. Sie schwand. Ich fühle
Die Hoffnung jetzt erloschen,
Den Wunsch selbst nach des holden Truges Spiele.
Auf immer ruh! Du hast nun
Genug geschlagen. Würdig deines Pochens
Ist nichts, noch wert dies Dasein deiner Seufzer.
Das Leben nur in Ekel
Und Bitterkeit, sonst nichts, und Kot die Erde.
Nun ruhe aus. Verzweifle
Zum letzten Mal. Das Schicksal gab den Menschen
Nichts weiter als zu sterben. Jetzt verachte
Dich, die Natur, die Macht, die finstern Webens
Auf unser aller Schaden stets nur dachte,
Und die endlose Nichtigkeit des Lebens.[3]

O Leopardi! Das Gelächter des Angiolieri ist zu hören, es schallt aus den Jahrhunderten in diesen Raum. Ich wurde gezeugt vom heißen Schmerz, ruft Angiolieri (er zitiert sich selbst), und meine Amme war die Schwermut – na und! Es wird dir besser gehn, Leopardi, wenn du die Dornenkrone runternimmst! Es fehlte noch, daß Angiolieri ruft: nimm dir ein Beispiel an mir! doch das tut er nicht. Er hat sich ausgelacht, die Nacht ist still. Die Gedichte sind in Büchern beigesetzt. Die Dichtung, von Standards verstellt, bleibt unbekannt. Sie erscheint nach außen hin als die immer gleiche, verborgene Messingstadt, deren Türme leuchten, von den Innenräumen ist nichts bekannt. Das Merkmalgedicht des Angiolieri lautet:

3 *Lyrik des Abendlandes*, München 1978 (Übersetzung Gustav Brandes)

Wär ich der Wind, ich risse die Welt in Fetzen.
Wär ich das Feuer, zerfräß ich sie zu Funken.
Wär ich das Meer, sie läge längst versunken.
Wäre ich Gott: Spaß, gäb das ein Entsetzen!

Wär ich der Papst, wie würd es mich ergetzen,
Zu ärgern meine Christen, die Halunken!
Wäre ich König, ließ ich wonnetrunken
Mein Volk mit Hunden an den Galgen hetzen!

Wär ich der Tod, besucht ich auf der Stelle
Die lieben Eltern wieder mal; als Leben
Beträt ich nun und nimmer ihre Schwelle!

Wär ich der Cecco – hm, der bin ich eben;
Drum wünsch ich mir die schönsten Jungfernfelle
Und will die häßlichen gern andern geben![4]

Ein Gedicht wird zitiert, ein Name genannt, und die Zeit setzt ein.

Das Echo des Gedichtes ist kaum verhallt, der Gedankenruf *Angiolieri*! kaum gedacht, da werden im Dunkel draußen Bewegungen laut. Sie kommen nicht, wie gewöhnlich, vom Fahrweg herauf, sie scheinen vom Gebirge herunterzukommen, wie das *sanglier de Passage*, das Wildschwein im Schnee, wie der Fuchs im Oktober, wenn er sein Loch verläßt, zu den Nußböden schnürt und Walnüsse kaut. Es ist der Schritt eines Menschen, er kommt auf dem Wildpfad, er scheint sich im Unwegsamen zu orientieren. Aus der Türe fällt Licht und in ihm erscheint die Gestalt, sie bleibt auf der Schwelle stehn, es ist Angiolieri.

4 *Lyrik des Abendlandes*, München 1978 (Übersetzung Richard Dehmel)

Störe ich Euch? Na wenn schon, Ihr habt mich gerufen!

Es ist der Umriß eines Unbekannten, Cecco – auf Verdacht, und ohne Gewähr. (Er wurde nicht, wie Dante, von Giotto gemalt.) Die Erscheinung ist hoch und schmal, mit weitem Mantel behängt, in engen hellen Hosen, und ohne Hut. Das Gesicht ist bartlos, doch ich kann mich täuschen, da ein Spiel von Halblicht und Schatten den Umriß verwischt. Der Blick des Menschen scheint auf mich gerichtet. In scharfen Pupillen sammelt sich schwaches Licht.

Gebt Bescheid, wenn Ihr mit Anschaun fertig seid, ruft Angiolieri. Wen habt Ihr erwartet? Malepartus mit Fiebergesicht und leeren Taschen? Überlebter Adonis? Skunk aus Fusel? Mehlgesicht mit verschmierten Augen, Kopf eines Clowns? Glaubt Ihr, ich sei von Wein verwüstet, Stinkstiefel ohne Anstand und Metaphysik, schimpfende Unke, ungetauftes Schwein, der Verlorene Sohn im Musical *Der Kuß der Becchina*? Ein ahasverischer Schnappsack mit Weinschlauch im Schnabel – was noch? Ich kenne mein Bild in der Vorstellung andrer. Wie man aus Versen falsche Schlüsse zieht! Was habt Ihr zu trinken?

Er kommt in den Lichtkreis der Kerzen und setzt sich, federnde Schritte, Gestalt ohne Aufwand, die Haltung ist elegant, die Kleidung verbraucht. Zweifellos sind seine Taschen leer. Die Stimme ist stark und klar, sie kennt jedes Wort, das sie spricht. Aus Mund- und Augenwinkeln, aus scharfen Blicken, kommt mir ein nicht geheurer Frohsinn entgegen.

Der Wein scheint gewartet zu haben, das Brot ist da, und Angiolieri hat mir, er kann es nicht wissen, als Gastgeschenk ein schönes Wort gebracht: *Voi, Ihr.* Die alte

Anrede ist mir vertraut, ich hörte sie gestern in italienischen Dörfern. So wurde ich in Schwarzwälder Höfen gegrüßt, in Bauernküchen und Gasthäusern angesprochen – legt Eure Jacke ab, setzt Euch zu uns, was wollt Ihr trinken. Ihr und Euch in alten Kalendergeschichten, in Ritterromanen, Balladen und Grandguignol. »Herr, Ihr seid ein kluger Mann und voll Besonnenheit und wißt, daß ich dem größten König eigen bin. Lebt wohl. Auf Nimmerwiedersehn!« Mehrzahl einer Anrede, die mich als Kind erschreckte, Vielzahl von Ungewißheit im Anblick des andern. (Das deutsche *Sie* spießt einen Menschen auf.) Aus wievielen Lebewesen besteht ein Mensch. Wieviele Wesensgespenster sind in ihm, Nervengeister und Gedankenstimmen. Wieviele Tode leben in seinem Vergessen und fressen den Bodensatz des Gedächtnisses auf. Wieviele Male unzählig ist der Schemen, in dem er sein Selbstbild erkennen will. Wieviele Leidenschaft liegt in ihm verschüttet und wartet darauf, von Namen erlöst zu werden. Wieviel Schock und Entsetzen wird gebraucht, bis ein Wort der Selbsterkenntnis zu Hilfe kommt. Die alle wären, in meiner Höflichkeit, mit *Ihr* in Distance gerückt und anerkannt.

Das Brot auf dem Brett und ein Messer daneben. Der Wein in der Flasche und die Gläser daneben. Ich schenke den Wein ein und teile das Brot. Der Wein und sein Wort *der Wein*, verbunden mit Schenken. Das Brot und sein Name *das Brot*, verbunden mit Teilen. Von Kindheit an betörten mich Brot und Wein, das war ein profanes leibliches Heiligsein. Das Brot lag schwarz und schwer auf dem hellen Holzbrett, aus Gläsern und Zinnbechern wurde der Wein getrunken. Kein Brot wurde weggeworfen, kein Wein verschüttet, doch konnte der Rest im Glas geopfert werden, in die Luft gesprüht, in das Gras geschüttet – für wen? Brot und Wein sind heute verseuchte Waren, aber mein Essen und Trinken, mein Brot und mein Wein, sind Wahrzeichen eines Spiels, das nicht aufhören kann. Weinernte auf den Hügeln, durchsonnte Tage, weinsüße Hände, Nüsse und Nebelduft. Kellerkälte des alten klaren Weins, Wärme des neuen, schaumig und grau. Es mußte kommen, es konnte nicht besser kommen, daß ich als Kind in Verse von Trakl fiel, in die Unerschöpflichkeit des vollkommenen Gedichts, sie erneuert sich seit Jahrzehnten und nimmt noch zu. Sie begleitet Dasein, Leben und Biografie. Ein Wortlaut, der nichts verändert, erklärt und beeinflußt, der keine Bombe entschärft, keinen Hunger beseitigt – was noch? Der kein Programm erfüllt oder nicht erfüllt, keinen Beifall erwartet, keinen Applaus verdient, und von keiner Propaganda entwertet wird. Ein Ding, das vorhanden ist und lebendig wie ich, ein Klang, der mein Eigentum wurde – *Zu Abend mein Herz*:

Am Abend hört man den Schrei der Fledermäuse,
Zwei Rappen springen auf der Wiese,
Der rote Ahorn rauscht.
Dem Wanderer erscheint die kleine Schenke am Weg.
Herrlich schmecken junger Wein und Nüsse,
Herrlich: betrunken zu taumeln in dämmernden Wald.
Durch schwarzes Geäst tönen schmerzliche Glocken,
Auf das Gesicht tropft Tau.[5]

Ein Sonett wurde laut, ein Name genannt, Angiolieri ist da.

Mein Gegenüber am Tisch kann vielstimmig lachen,

5 Georg Trakl, *Das dichterische Werk*, München 1972

Sprühregen Heiterkeit aus bedeckter Miene, Krächzen aus Unlust, und Spott, eine herzliche Bosheit – sie setzt voraus, daß wir Komplicen sind, vielleicht ein paar Verse zu früh, aber immerhin – er hätte bleiben können, wo er war. Seine Kehle lacht, sein Blick springt in meine Augen. Habt Ihr mich aus Übermut gerufen, aus persönlicher Neugier, oder gedankenlos? Um Eure Monologe mit mir zu beenden? Was noch – um Gespräche zu führen, worüber denn? Ihr scheint ein ungewisser Charakter zu sein – ein Lyriker, was! Lacht mit mir, im voraus, ohne Grund. Aus uns beiden wird kein halber Held, kein verlängerter oder verkürzter Professor – also, was hindert uns, uns totzulachen! Erlaubt einen Vorschlag:

Du mußt die Leute in die Fresse knacken.
Dann, wenn sie aufmerksam geworden sind, –
Vielleicht nach einer Eisenstange packen, –
Mußt du zu ihnen wie zu einem Kind
Ganz schamlos fromm und ärmlich einfach reden
Von Dingen, die du eben noch nicht wußtest.
Und bittst sie um Verzeihung – einzeln jeden –,
Daß du sie in die Fresse schlagen mußtest.
Und wenn du siegst: so sollst du traurig gehen,
Mit einem Witz. Und sie nicht wiedersehen.[6]

Was ist, sagt Angiolieri. Ihr seid erstaunt? Ihr seid doch, mein Goldener Vogel, nicht etwa pikiert? Ich habe das Credo eines Kollegen zitiert – guter Rat für die entsprechenden Leute, fuck you an alle falschen Adressen. Nehmt mich ernst und lacht mit mir!

6 *Ergriffenes Dasein,* Ebenhausen bei München 1953 (Gedicht von Joachim Ringelnatz)

Ich nehme ihn ernst, und lache mit ihm, und zitiere das Credo eines andern Kollegen. Es ist ein Gruß Baratynskis, meines alten Komplicen:

Mein Talent ist gering und meine Stimme nicht laut.
Aber ich lebe – und irgendwem in der Welt
ist mein Dasein teurer
Mein ferner Nachkomme wird es finden
in meinen Versen, wer weiß, und meine Seele
erweist sich seiner Seele verbunden.
Und wie ich in meiner Generation einen Freund fand
so werde ich in der Nachwelt einen Leser finden.[7]

Zwei Menschen im Raum, ein Fremder in meiner Werkstatt, das verändert Zeit und Atem, Umgebung und Nacht. Mein Freund wird von Schnaken gebissen, er merkt es nicht, und ich habe die Eule nicht mehr gehört. Eine Pappelglucke schwirrt mit versengten Flügeln, hebt vom Boden ab und stürzt hinter ein Regal. Käme Angiolieri zu mir ins Hotel, in Turin oder London, er wäre dort einer von vielen, ein Mensch, der kommt und geht, trinkt, schweigt oder redet, sich etwas borgt auf Nimmerwiedersehn – Regenschirm, Zeitung, Tabak und Geld –, aber hier, der Stille ausgesetzt, unter vier Augen, ohne Attribut, allein mit dem eigenen Charakter, der Nacht und mir – da werden Wort und Sprache verräterisch; Bravour von Stimme und Tonart trägt nicht weit. Mein Freund übertreibt, er scheint darauf angewiesen, er benötigt nach außen hin eine täuschende Art, im Vordergrund seiner selbst den zu lauten Ton, kann sein, er praktiziert eine Selbsterhaltung, die fahrlässig oder gezielt

7 Christoph Meckel, *Nachricht für Baratynski*, München 1981

seinen Nächsten mißbraucht, und probiert das an mir und der Stille aus. *Messer Spina* legt es darauf an. Aber wir haben Zeit, uns kennenzulernen. Worüber, sagt Angiolieri, sprechen wir?

Da haben wir das Loch im Erbsenbrei. Ich sage: ein Worüber gibt es nicht. *Über* Dichtung reden, nicht für uns. Die Rede über – das ist opportun, die Sprechwerkzeuge des Zeitgeistes sind in Bewegung, immer in Betrieb, in Betrieb, Betrieb. Willkommen, mein Komplice, im Feuilleton, *Gottwilche* in der chronischen Diskussion, auf dem Bildschirm mit Eurer Meinung und Eurem persönlichen Nachdruck, mit Euren profilierten Ansichtssachen. Willkommen im Apparat für Kultur und Kunst, in der Widerkäuermaschine mit Eurem Namen, mit Eurem Schweigen, mit Eurer Schreibtischtat, im liberalen Schluckauf aus Luft und Knete, im psychosomatischen Wortschatz, im demokratischen Wohlsein. Ja, Euer Gedicht zum Festtag, zur Kulturkrise, zum Welthungerproblem, das poetische Schmierfett für jedwedes Problem, die gedichtete Illustration zu jedweder Misere. Ja, das Poem zum Problem, zum Problem überhaupt, der spezielle Vers zum Poesieproblem:

Festival der west-östlichen Welt, blow up!
Einmal mehr produzierten sich unsere
Standardklassiker, unschlagbar, gekonnt,
Athleten des Bildschirms, Kaliber, verstählte Mimosen
mit ihrem Großen Gesang, mit ihren Cocktails
Veteranen der Podiumssiege, belagert vom Rudel
der Sachverständigen und Kulturverteiler.
Applaus. Go home. Die Prominenz ging ins Plaza.
O Radnoti, Vallejo, Joszef! Der Tag kommt selten,
die Nacht ist immer da, die Uhren laufen
und in den Abgründen wohnt verborgen das Glück.

In den Abgründen wohnt verborgen ein Höllgelächter, und in der Maschine wird kein Gedicht gemacht. Ein Wortlaut wird durch die Maschine gedreht, er verendet in ihr, wenn er schwach ist, oder kommt durch.

So, er kommt durch, sagt Angiolieri. Wo kommt er denn an. Wollt Ihr so freundlich sein und mir erklären, wo das durchgedrehte Ding zum Vorschein kommt, und wo man hier Schlange steht, um es zu erwerben! Kommt nicht das schwache Ding am leichtesten durch, das schwächste noch leichter, und vom Verbleib der andern hört man nichts. Öffentlichkeit, was das heißt. Ich habe die Verse auf Pergament notiert, in Betten, Schenken und Salons verstreut, und manchmal, nicht oft, als Abschrift wiedergefunden, falsch oder richtig kopiert von fremder Hand. Ich habe mit Dante und Cavalcanti gestritten, und Cina da Pistoia als Trottel bezeichnet, verstechnisch einwandfrei, in der höflichsten Tonart. Wir haben uns Verse um die Ohren geschlagen, in Form von Sonetten geküßt und geprügelt, nach allen Regeln der Verskunst und à la mode – aber Öffentlichkeit? Ein paar Rezitate nachts, in überfüllten Schenken, auf Bänken stehend, von feuchten Fingern betastet, weggeschwemmt vom Beifall Betrunkener – ein paar Verschworene zwischen Neapel und Parma, ein paar Gelehrte in abgelegenen Klausen – vielleicht ein paar Frauen, wenn ich dran denke, Gräfinnen oder Nutten, egal – ein paar mittlere Skandale, unvorteilhaft mit meinem Namen verbunden – was noch?

Daß man nicht redet über Poesie. Daß man Sätze sagt, eigene und andere, die den Vers ergänzen im Umkreis von Poesie; die Poesie sind auf diesem zertrampelten Weg. Was zur Literatur geäußert wird, kann wieder nur Bestandteil von Literatur sein. Was aus der Poesie heraus gesagt wird, führt unmittelbar in die Poesie zurück.

Das hat Angiolieri gesagt, oder ich, wir beide. Ich sage Mond – da schwebt er. Ich sage Stein – da liegt er. Ich sage Haus – da steht es. Poesie setzt den Gegenstand und sein Wort in eins, die Wissenschaft trennt sie. Kein Gedicht wird *über* etwas gemacht. Der Gegenstand ist in seinem Wort, und in ihm, nur in ihm, erkennt er sich selbst. In einer Abhandlung weiß er nichts von sich, in Diskussion und Diskurs *über* Poesie begegnet er vielen Stimmen, doch nicht sich selbst. Am Abend hört man den Schrei der Fledermäuse, zwei Rappen springen auf der Wiese, der rote Ahorn rauscht. Oder der Anfang einer Erzählung von Isaac Babel:

> Am Abend vor Sabbat befällt mich immer die schwere Wehmut der Erinnerungen. An diesen Abenden streichelte einst mein Großvater mit seinem weißgelben Bart die Bücher von Ibn-Esra, und meine Großmutter im Spitzenhäubchen machte mit knotigen Fingern beschwörende Bewegungen über die Sabbatkerze und weinte sanfte Tränen. An diesen Abenden schwankte mein Kinderherz wie ein Schifflein auf verzauberten Wellen. Ich irre durch Shitomir und suche den schüchternen Stern.
> Vor der alten Synagoge, vor ihren abweisenden, gelben Mauern verkaufen alte Juden Kreide, Waschblau und Dochte, Juden mit Prophetenbärten, die eingefallene Brust in erbärmliche Lumpen gehüllt.
> Da liegt der Markt und der Tod des Marktes. Die fette Seele des Überflusses ist tot, stumme Schlösser hängen an den Verkaufsbuden, und der Granit der Straße ist glatt wie der Schädel eines Toten. Der schüchterne Stern – er blinkt und erlischt …
> Glück hatte ich zu späterer Stunde. Glück hatte ich

erst kurz vor Sonnenuntergang. Der Laden Gedaljas lag versteckt zwischen den geschlossenen Buden. O Dickens, wo war an diesem Abend dein Schatten? Du hättest in diesem Trödlerladen vergoldete Schuhe und Schiffstaue erblickt, einen alten Kompaß und einen ausgestopften Adler, ein Jagdgewehr mit der eingravierten Jahreszahl 1810 und eine zerbeulte Kasserolle.

Gedalja, der kleine Ladenbesitzer mit rauchgrauer Brille und in grünem, bis zum Boden reichendem Gehrock, schreitet in der rosafarbenen Leere des Abends seine Schätze ab. Er reibt seine weißen Händchen, zupft an seinem grauen Bart und lauscht mit gesenktem Kopf den unsichtbaren Stimmen, die zu ihm herüberdringen.

Sein Laden sieht aus wie die Schachtel eines ernsten, wißbegierigen Knaben, dem es beschieden ist, einstmals Botanikprofessor zu werden. Auch Knöpfe und einen toten Schmetterling gibt es in diesem Laden, über den der alte Gedalja gebietet. Alle haben den Markt schon verlassen, nur Gedalja ist noch da. Er schwirrt umher in seinem Labyrinth von Globen, Schädeln und toten Blumen, schwingt einen bunten Wedel aus Hahnenfedern und bläst den Staub von den toten Blumen.

Wir sitzen auf Bierfässern. Gedalja wickelt seinen schmalen Bart auf und ab. Sein Zylinder schwankt über uns wie ein schwarzes Türmchen. Ein warmer Luftzug streift uns. Der Himmel wechselt seine Farbe: Eine Flasche ist umgeworfen, und zartes Blut rinnt daraus. Leichter Moderduft umgibt mich.

»Revolution? Nun gut, sagen wir ja zu ihr, zur Revolution; werden wir deshalb aber zum Sabbat nein sagen?« So beginnt Gedalja und umschnürt mich mit den

> seidenen Gebetriemen seiner rauchgrauen Augen. »Ja, rufe ich der Revolution zu. Ja, rufe ich ihr zu. Aber sie versteckt sich vor Gedalja und läßt ihn nur das Schießen hören.«
> »Die Sonne dringt nicht durch geschlossene Augen«, antworte ich dem Alten. »Aber wir werden die geschlossenen Augen aufreißen.«[8]

In der dichten duftenden Strömung dieser Prosa werdet Ihr keinen Gegenstand finden, der unverwandelt in ihr herumliegt. Hier ist kein Ton und kein Ding geschriftstellert worden. Die Gestalt Gedalja ist da, Ihr könnt ihr begegnen, Ihr könnt sie aus eigener Anschauung weitererzählen. Die Dinge und die Wörter – sie sind aus demselben Stoff – dringen darauf, ihre Wirklichkeit zu behalten. Sie finden in keine andere zurück, sie finden in keine andere hinaus, sie besitzen keine andere, sie sind in der besten. Sie sind in der einzigen, die möglich ist. Lest Ihr die Sätze laut und immer wieder – der Hinweis gibt kein Geheimnis preis –, durchdringen sich Tonart, Farbe und Bildkraft der Prosa. Sie sind danach – Ihr könnt sie fast auswendig sagen – so gegenwärtig, daß Euch nichts mehr fehlt. Die untergewöhnliche Frage nach Sinn und Bedeutung verliert sich. An ihrer Stelle taucht die Frage auf: wie wurde der Zauber hergestellt, wer hat ihn hergestellt, und aus welchem Stoff.

Eine Antwort auf diese Frage steht aus, alles andere wissen wir. Das sagt Angiolieri, mit meiner Hilfe, und lacht uns, einzeln alle beide, aus. Er geht an den Wänden entlang und sieht die Bilder im Zwielicht, das Bild eines Unbekannten hält ihn fest – Antonello da Messina hat ihn

8 Isaac Babel, *Erste Hilfe, Sämtliche Erzählungen,* Nördlingen 1987

gemalt, fünfzig Jahre nach meinem Tod, sagt Angiolieri, damals wurde ich gemalt, verging denn viel Zeit seither? Eine lautlose Explosion setzt die Nacht unter Licht. Der Strom ist da, der Raum ist kantig und grell, die Glühbirne blendet. Die Kerzen brennen, aber leuchten nicht. Die Buchwände und die Bilder sind nahegerückt, Geräte und Werkzeuge plötzlich zum Greifen da, Gläser, Flaschen, Reisnagelköpfe, Scheren und Türgriffe schimmern mit gleichem Licht. Die Nacht in der offenen Tür ist ein schwarzes Karree ohne Tiefe. Angiolieri hat das Gesicht der gehetzten Katze, die Schrecksekunde hält sein Entsetzen fest. Was ist passiert. Ein Licht geht an, ein Zwielicht verfliegt, und die Zeit setzt aus – sie hat eingesetzt.

> – da mit eins durchzuckt' es mich
> Wie Wetterschein! wie wenn schwarzgefiedert ein tödlicher Pfeil
> Streifte die Schläfe hart vorbei,
> Daß ich, die Hände gedeckt aufs Antlitz, lange
> Staunend blieb, in die nachtschaurige Kluft schwindelnd hinab.[9]

Angiolieri blickt sich im Zimmer um. Langsames, schlaues Begreifen erhellt sein Gesicht, aus dem die gütigen Schatten verschwunden sind. Es zeigen sich Falten, Alter und Desillusion. Es ist das konzentrierte Gesicht eines Menschen, den das eigene Gedicht nicht aufgefressen, die eigene Existenz nicht verunstaltet hat. Sein Zeigefinger zeigt mir das plötzliche Licht, er schüttelt den

9 Eduard Mörike, *Sämtliche Gedichte,* München 1975 (aus dem Gedicht *Erinna an Sappho)*

Kopf, und nickt mir zu, dann zeigt die ausgestreckte Hand auf mich. Schadenfreude schleicht sich in seine Augen, kalter, heller, schonungsloser Spott, und er starrt mich an, als sei der Entsetzte ich.

Zweite Vorlesung

Zweite Nacht

Regen, Regen, Tropfen
die Buben muß man klopfen
die Maidlen muß man schonen
wie die Ziteronen.

Regen, Regen, Tropfen
die Buben soll man klopfen
die Maidlen fein behandelen
wie Rosin und Mandelen.[10]

Was bedeutet der Vers? Er bedeutet nichts. Er ist vielleicht sinnlos, aber er fiel mir ein. Er fällt ohne Grund aus den Hamstertaschen des Autors, der Fliegende Ware mit Vergnügen sammelt, Pustekuchen, gespuckt und gebakken, anonyme Kringeln aus der Wundertüte:

Der Heuschreck flog, flog
und saß nieder –
saß, saß, fraß, fraß
und flog wieder.[11]

und dazu die entbehrliche, aber magistrale, magistrale aber entbehrliche Conclusion:

10 Unbekannter Verfasser. Quelle unbekannt
11 Unbekannter Verfasser. Mündliche Überlieferung

Dies ist ein Reim, doch ein Gedicht
ist, was sich reimt, noch lange nicht.[12]

Regen, Regen, Tropfen gefällt mir sehr. Regen, Tropfen war in der Kindheit ein Glück, unter tropfenden Bäumen zu laufen Spiel und Rausch. Ich habe unzählige Zeilen aus Regen gemacht, heitere Regentropfensilbe: Glück! Stäubende Nässe des kurzen Sommers, vermischt mit Kastanienblüte an nördlichen Seen. Duftendes, fließendes Wasser, Regen im Mai, der blühende Gärten intonierte. Ahornschauer im Sekundenregen, am laubverschütteten Fahrweg nach Arnayon. Und die nasse, nässende, unentwegte Grisaille – Landregen in den Bergen der Baronnies. Regen im Hinterland, Stockschwärze voll Wasser. Waagrechte Böen gegen die Autoscheibe, der Scheinwerfer tastet weiß voraus und verliert sich in Wassermassen dicht und schwer. Das Hören und Sehen vergeht vor beschlagenen Scheiben, im Geschlacker von Tropfenmillionen auf Glas und Blech. Verpladderung leerer Landschaft und leerer Straßen, Nacht im September, kein Mensch unterwegs. Die Campingplätze sind wieder leer, Müllcontainer und Trailors in steigenden Pfützen. Das Wasser stürzt aus den Bergen und fließt auf den Straßen, ich komme verspätet aus Lyon zurück, der Fahrweg fließt mir in lehmigen Strudeln entgegen, die Winterreifen rutschen durch Laub und Schlamm, in den Biegungen staut sich geschwemmter Kies. Im Haus brennt Licht, ein vereinzeltes Fenster im Weltraum, es schwimmt an den Bergen hoch vorbei. Zwischen Wagen und Haustür liegt eine kurze Strecke – ohne Taschenlampe vertraut in trockenen Nächten –, die in Lichtlosig-

12 Oskar Loerke, *Die Gedichte*, Frankfurt a.M. 1958

keit und Nässe verlorenging. Von binnenländischer Sintflut gewalkt und gewaschen, triefend von Wasser wie ein Brunnenlöwe, dringe ich überstürzt bei mir selbst ein. Die Tischlampen brennen, das Radio läuft leer. Angiolieri ist da, er hat gewartet, er scheint mich seit ein paar Stunden erwartet zu haben (einmal gerufen gilt für viele Nächte). Er schläft auf dem Boden, das Gesicht zur Wand, den Mantel zusammengefaltet unter dem Kopf. Es ist der Schlaf des Roadrunners, des Clochard, er legt sich hin und schläft, er braucht und vermißt kein Bett. Sein Schlaf ist überall möglich, tief und fest, wo keine Scorpione und Schlangen sind, Überschwemmungen, Ratten oder fallendes Obst. Es ist ein Schlaf ohne Furcht vor dem offenen Raum, er kennt nicht die Kinderangst vor Dieben und Geistern, Monstern und Menschen; seine Befürchtung gilt der Polizei. Es scheint ein kreatürliches Schlafen zu sein, unabhängig von Zeit und Umgebung, selbstverständliche Ruhe unter den Dingen, in der Nähe ist ein Papierkorb oder ein Zaun, ein Fahrzeug, ein Baum, vielleicht ein anderer Mensch. In der Nähe ist nichts, oder Dunkelheit ohne Inhalt, der Boden ist die Gewißheit, die es gibt, es gibt keine andre. Etwas Gewisseres, das muß Luxus sein. Nacht voller Irrgäste, die dem Irrgast vertraut sind. Halblaute Promenade von Weltbewohnern – der Gleitflug eines Betrunknen, ein Liebespaar, ein Schrittmachervogel im Busch, ein Vaurien auf dem Weg. Der Dachs lenkt seinen Ausflug dicht an meinem Ohr vorbei. Das ist mein Schlaf, ich habe ihn gelernt, in der Nachkriegszeit Europas, on the road. Es ist ein guter Schlaf, ein glückliches Atmen und Schnarchen, es besitzt Vertrauen in Raum und Zeit – in Gegenstände, Geschehnisse, Lebewesen –, das hinter geschlossenen Türen nicht existiert, im geschützten eigenen Bett nicht erfahren wird. So schlafen Poor Tom, Mad Maulkin und Moèl, August Weltumsegler und Ostap Bender, Charly-Charlot, wenn er Pech hat – und wer noch? Der Arme Augustin und Jean le Bleu, Ulenspiegel und Wegstaub, der Fatalist, so schlafen Bontsche Schweig und Selig Fein. Das ist Angiolieris Schlaf, aber ohne Pferd, denn wenn er sein Pferd hat, schläft er schlecht, die Pferdediebe sind unterwegs, er riecht sie, nichts als Diebe von Como bis Syracusa, er hört Geflüster und Schleichlaute überall, die strohumwickelten Hufe entführter Gäule, im dichten Dunkel, in tiefer Stille, in schreiendem Lärm. Dunkelheit voller Stimmen, die ich erinnere. Es kommt Jubal der Tagdieb, er kann nicht schlafen, und es hat sich ein unbekanntes Gedicht gefunden, das ich seiner Stimme zuschreiben kann, es bliebe ohne sie ein Irrgast der Sprache:

Was wollte ich andres
als schlafen.
Vogel, er lebt im Schlaf
das Haus, die Bäume vorm Fenster
der Abend, die Ruhe des Windes
was wollte ich andres als schlafen
und bin doch wach
und kann reden
vom Schlaf, mit gähnendem Mund
preisgeben an Niegeschlafene
den Schlaf, und wollte doch nichts
als schlafen, im Schlaf sein
und atmen
in Stille
und stumm sein.

Dunkelheit voller Irrgäste, die mir vertraut sind. Es kommen die eigenen Geschöpfe, auf eigenen Wegen, sie haben den Autor vergessen und gehn vorbei, Kunstfiguren, die ohne Verwandtschaft leben, sie haben die eigenen Namen nie kennengelernt, barfuß, in Tanzschuh und Stiefel, in Flügeln springend, wispernd mit sich selbst wie unerfahrene Mäuse, Gestalten aus Kindheitsfibeln und eigenen Prosen:

Windig ist mal wieder auf dem Weg, wie es scheint, gehört er dort hin. Die Krähen erkennen ihn und die Steine, das Kraut und die Nesseln, der Staub und die Luft. Auf dem Weg wird er müde und will schlafen, aber wo. Am Abend erscheint die Dämmerung, durchsichtig, undurchsichtig, dann kommt die Nacht. Das alles geht vor sich, und Windig ist müde geworden.

Da fällt ihm das Gasthaus *Zum Schwanen* ein. Er geht in den Gastraum und bittet: will schlafen.

Im Gasthaus kann er nicht schlafen, da schlafen schon viele. Bänke, Matratzen, Strohsäcke, alles voll.

Macht nichts, sagt er, adieu, und weiter.

Einmal mehr müde, einmal mehr Nacht. Er denkt an Halblang und läutet bei ihm.

Du bist es, sagt Halblang, aber schlafen geht nicht; geht nicht warum – darum und überhaupt nicht.

War eine Frage, sagt Windig, adieu, und weiter.

Er erinnert sich an Lara Lalli, und pfeift, bis sie wach wird, vor ihrem Fenster.

Du bist es, sagt sie, aber schlafen geht nicht. Die kleine Matratze, das frische Leinen, das kostbare Kissen – alter Schatz, kein Platz.

War ein Gedanke, sagt er, adieu, und weiter.

Einmal mehr müde, einmal mehr Nacht. Da fällt ihm der Franz in den Kalthäusern ein. Er klopft an das *Kalte Haus* und Franz ruft am Fenster: Schlafen, du hast mich geweckt, was heißt hier schlafen. Mach, daß du wegkommst.

Wenn das so ist, sagt Windig, adieu, und weiter, einmal mehr müde in derselben Nacht.

Da ist der Morgen in die Höhe gekommen, klar, leicht und weiß im Osten, und grau im Westen, undurchsichtig, durchsichtig, alles hell. Licht, es erkennt mich, sagt Windig zu keinem, und denkt nicht länger an ein Bett. Schöner Morgen, Geduld und Ruhe, Wind und Schatten, Staub und Vogel, und er legt sich an den Wegrand unter das Licht.

Einmal wird er wach, weil er Schritte hört. Wie es scheint, kommt ein Mensch und will bei ihm schlafen. Windig bewegt sich nicht, er redet nicht, der Wegrand ist weit und breit und Boden wie alles.

Der andere sagt was, vielleicht was Gutes, liegt unter dem Licht und atmet im Schlaf.

Das alles ist vor sich gegangen, und Windig schläft.

Und Angiolieri ist aufgewacht.

Er stellt sich vor mich hin, legt den Finger an die Nase, sieht mich starr an und sagt: Ja!

Und ich: Richtig.

Und er: Hast du mich begriffen?

Und ich: Vollkommen.

Und er: Nun, so wollen wir von etwas anderem reden. Wiederholen wir, bis wir alles und nichts mehr wissen, was Scherezâd in der Zehnten Nacht erzählt: und was der entzückte Kenner von Lirumlarum in eigener Lektüre gern entziffern wird:

> Es ist mir berichtet worden, o glücklicher König, daß die Damen immerfort zu dem Träger sagten: Dein *Zubb*! dein *Air*! dein *Chazûk*!, und dabei küßte und biß und umarmte er sie, bis sein Herz sich an ihnen Genüge getan hatte, und sie lachten alle miteinander. Schließlich sagten sie: O unser Bruder, wie heißt es denn? Und er fragte: Wißt ihr nicht, wie es heißt?, und sie sagten: Nein! Er antwortete: Dies ist das Maultier, das durch alles dringt, dem die Krauseminze des Kühnen als Weide winkt, das den enthülsten Sesam als Nahrung verschlingt und in der Herberge des Abu Mansûr die Nacht verbringt. Da lachten sie, bis sie auf den Rücken fielen; und sie kehrten zum Gelage zurück und hörten nicht auf (zu lachen), bis die Nacht über sie hereinbrach.[13]

Da lachten sie, bis sie auf den Rücken fielen, und hörten nicht auf – das wäre, in meinem Wunsch, der immer gute Refrain, die circensische Coda aller Literatur. Die Welt, sagt Jubal der Tagdieb, ist an ihrem Ort, wenn eine Frage mit Versen beantwortet wird. Inzwischen halten wir uns an das, was wir haben, ein Gedicht aus Plumploris gemixten Schriften:

> Es muß doch endlich einmal – oder zweimal – gesagt sein:
> der Dichter hat ein Wörtchen mitzureden.
> Das mitgeredete Wörtchen wird darüber entscheiden
> ob wir die Inhalte in die Wissenschaft werfen
> oder die Form inhaltsfrei abnabeln

13 *Die Erzählungen aus Tausendundein Nächten,* Band I, Frankfurt a. M. 1976

oder Form *und* Inhalt ultradimensional zur Blütenlese
aufmisten
oder Inhalte streng soziologisch ausbrüten lassen.
Ob wir überhaupt einen Inhalt ausschlüpfen lassen?
Ob wir ihn wirklich an eine Form verfüttern?
Ob wir nicht doch lieber Bibliotheken füllen
mit attraktivem dunklem Zungenschlag?
Diese und andere Probleme werden zur Debatte stehn
wenn der Kritiker uns in guter Grammatik gebadete
Denkanstöße zur Unterschrift vorlegt.
Dann wird das mitgeredete Wörtchen die Kultur
und die Öffentlichkeit verstanden haben,
und the poet wird nicht länger als Fragezeichen
in Niemandes Munde sein und unsere Bücher verteuern,
sondern er wird, letztenendes, als Lebenshelfer
und Stipendiat der Tupf auf dem lachenden i sein.

Angiolieri stellt sich vor mich hin, drückt den Zeigefinger auf meine Nase, sieht mich starr an und sagt: Hast du diesen Plop verstanden?

Und ich: Freilich.

Und er: Wie oft?

Und ich: So oft es ging, es ging so oft wie leserlich und kunstverständig.

Und er: Im Ernst!

Und ich: Im Ernst, ich bin nie aufgeweckter als in Kaspers Urfaß Mäuse fangend.

Es ist kein guter Zug der Zeit, daß dieser Ernst sich nicht vermehrt wie Floh und Katze, Maus und Müll. Warum, ruft Angiolieri, er hat Wein getrunken, treffen wir uns in der Nacht, schon wieder Nacht. Bist du mondsüchtig, Hoologan, oder lichtscheu? Suchst du heimlichen Umgang mit Nachtschattenfiguren? Verliebt in die Nacht, weil sie mit Kometen prahlt und in dir einen Narren sucht?

Ich antworte ihm: die Nacht ist schön, sie wird vor allem gebraucht. Ich bin hier auf dem Land, das heißt: auf Schauplätzen ungeheurer Veränderung. Friedensschauplätze des Fortschritts von Natur und Technik, Atomkraft, Tourismus und Landwirtschaft. Ich kam vor zwanzig Jahren in diese Provinz, und bin jetzt im Zentrum unabsehbaren Lärms. Es werden Straßen gebaut oder ausgebaut, rennbahnartige Pisten bergauf geschoben, der Bau einer Autobahn steht bevor, es werden Berge geschleift und Parkings geschaffen, Campings, Touristensilos und Platz für Sport, Skianlagen, Maschinenparke – was noch? Militär- und Atomstationen, wohin Ihr kommt. Der Tag ist schnell vorbei, die Zeit in dem Lärmen vergeht nicht, Schaufelbagger gurgeln am Gebirge, tonnenschwere Rammen auf Fels und Eisen, Traktoren, Planierraupen, Mähmaschinen, elektrische Sägen und Preßluftbohrer, Hammerschlagmillionen von Nacht zu Nacht, Lärm der Baubrigaden und Schwertransporter, die den Tag lang zwischen Steinbruch und Bauplatz verkehren. Wanderkollektive mit Megaphonen, Marlboro-Dynamik und Frischluft-Mystik, Jodelbörger mit Picknickrekorden, Sportflugzeuge und Helicopter, und Düsenflüge mit entsprechendem Knall. Discos und Televisionen mit Schlachtfeld-Getöse, Crack und Caramballa all over the world, in Geflügelfarmen und Küchen der Landwirtschaft.

Aus den Einzelgeräuschen des Lärms und ihrer Summierung, aus der flüchtigen und der beständigen Peinigung, entsteht im Lauf der Zeit eine Vibration, ein Lebensgefühl grundsätzlicher *Schütterung*, die in die Wesensgeräusche des Einzelnen dringt, und keinen Nerv, keinen Traum, keinen Wortlaut verschont. Die Existenz wird von Grund auf davon erfaßt. Große Teile dessen, was ich machte, brachte ich inmitten von Lärm zustande, in fundamentaler akustischer Folterung, Gehör und Sprache schützend, ich weiß nicht wie, den Vers balancierend in kostbaren Resten von Stille, die selten vorhanden oder langanhaltend, doch immer beschränkt, bedroht, im Verschwinden waren, gegen die eigene Vernichtung existierend, in Nervenverzweiflung lebend und Körperentsetzen, Kräfte dagegen verbrauchend, die nötig waren, um atmen, schlafen und Arbeit behaupten zu können. Lärmgewalt, nicht Ruhe, erfuhr ich als *Condition*. Zur Geschichte der Literatur gehört, neben vielen, in Zukunft auch die Geschichte des Lärms, seiner sinnlosen und notwendigen Eigenschaften, seines menschenfressenden Mangels an Qualität, seiner Allgegenwart, die Verfolgungswahn auslösen kann, und seiner nicht absehbaren Wirkung auf Sprache, seiner Auswirkung in ihren Substanzen, in Rhythmus, Duktus, Diktion und Klang, in Tonart, Tonalität und Intonation. Wer an Tonart von Brecht oder Rilke festhält, wird in Zukunft taub, aber auch im Desaster aus Lärm und Rumor kann das letzte Geheul aus diesem Loch Poesie sein (die weltendfixierte Prognose trägt nicht weit).

Bevor ich die Endgültigkeit dieses Schocks erkannte, und die Unentrinnbarkeit seiner Aggression, 1960 in Berlin – das ist vor 28 Jahren gewesen –, machte ich ein Gedicht, das ich aussortierte, und heute für möglicher halte als seinerzeit. Es bestätigt, nach kurzem Zeitraum, die alte Erkenntnis, daß Geschichte von Kunst im voraus bewahrheitet wird, ein Vermögen, das früher *seismographisch* hieß, und sich heute, scheint es, erübrigt hat. Die Evolutionen sind schneller als Seismographie. Gedicht für eine Schreibmaschine:

Im Lärm von Raupenketten schreib ich mein Leben
die eigene Stimme nicht hörend
und nicht den Wind, den Kuckuck, die Grille
der Heuzeit.
Die Kindheit wanderte aus, den letzten Grasweg
suchend
barfuß, die Tasche voll Heu, im Regen die Zunge.
Abfallhaufen begruben den Weg, und der
Kirschbaum
leuchtend bei meiner Geburt, ist grau gestorben.

Wer Geld hat kauft einen Baum und seinen Schatten.
Er kennt eine Stille, die ihm Gehör schenkt
und erntet das Laub im hellen Oktober.
Aber ich hab eine Schreibmaschine, die taub ist
für diesen Frieden. Mit friedlosen Wörtern lebend
erinnere ich Kindheit und Himmel, den Wind und das
Gras.

Und ich hoffte: diese Seite
des Paradieses wird bewohnbar sein.
Der Mensch wird atmen, und während er Häuser baut
sich mit der Luft verbünden, dem Meer und dem
Kirschbaum.
Aber ich hab eine Schreibmaschine, die taub ist
für diesen Frieden. Von heillosen Wörtern lebend
verlerne ich Kindheit und Himmel, den Wind und
das Gras.

Auf die Knochen des Kuckuck und den erstickten
Kirschbaum
ist gegründet der Limbo, den ich schlecht atmend
bewohne

während die Strophen, landlose Kraniche
über ihm kreisen, mit starken Flügeln
sich in die Sonne stürzen, die haltbare Sonne.

Angiolieri ist kein gedämpfter Mensch, doch weiß er, wovon die Rede ist. Kenntnis der Poesie schafft Hellhörigkeit. Das empfindlichste Ding der Kunst, der lyrische Wortlaut, macht Lärm und falsche Tonart offenbar. Er entlarvt jeden zweifelhaften und halbwerten Ton. Wenn ich den Kopf in dein Jahrhundert stecke, ruft Angiolieri, da zieh ich die Ohren gleich wieder zurück. Was für ein Schlamazel aus Krach und Lärm, wieviel gemeine Lautstärke wird da frei. Wie haltet Ihr das aus, mein empfindlicher Freund, in der infernalischen Gewalt des Lärms, im finalen babylonischen Schreiauf der Welt!

Ich bin nicht allergisch geworden und nicht ertaubt. Der Lärm hat nicht, wie für Alexander Block, den Vers in der Luft erstickt. Ich bin *ein bißl immun*, wie Pastior sagt. Der leise, fast lautlose Ursprung dieses Lärms schrie mir – ich war ein Kind – aus einer Zeile von Trakl entgegen: *Weltunglück geistert durch den Nachmittag*. Der eine Satz genügte, er schlug mein Gehör auf. Von Kindheit an waren Krach und Gefährdung durch Lärm ein unabwendbarer Teil meines Existierens. Das quälend Inferiore traf nicht nur mich. Ich bemerkte, daß Lärm eine Katastrophe ist, die auch grobgewickelte Leute zermürben kann. Wer dem Lärm entging, hatte Glück oder dickes Fell. Wenn ich so alt bin, daß ich alles kann – das ist die erste Zeile eines Gedichts, das in der ersten Zeile steckenblieb –, ja, wenn ich so alt bin, daß mir alles gelingt, verfasse ich ein Volumen mit dem Titel *Lärm*. Es enthält die Lärmgeschichte des eigenen Daseins, und beginnt mit den Bomben des Zweiten Weltkriegs, im nächtlichen Todeskrachen und seiner Erwartung – die Befürchtung des Lärms, die Vorausangst, gehört zur Geschichte – ich war fünf Jahre alt und sammelte alles, was kalte Sternschnuppe war, doch Granatsplitter hieß. Es beschreibt die Explosion und den menschlichen Schrei, die kreatürliche Entladung von Schmerz, die Stille danach und den Inhalt der Stille, Entsetzen, das keine Sprache fand. Es folgt ein Traktat von der Angst, von Schreck und Schauder, kinderlebenlanges Ohrenstellen, im Klima aus Todesgefahr und Beschädigung, das Lebewesen, Materie und Luft erfüllte, und ein realer Kosmos aus Toden war. Es folgt die Geschichte des zeitgeschichtlichen Lärms, ideologischen, öffentlichen, politischen Krachs, und auf welche Weise er in die Privatheit dringt. Das Buch hält jede Art von Verfälschung fest, das heißt *Propaganda*, die ich als Lärm erfuhr, Demagogie von Verkündung und Infiltration, der Lautsprecher und die Formel, die er diktiert, im Nachdruck von Marschmusik und tönendem Jux. Antikommunismus, pauschal und töricht, ohne Kenntnis von Dialektik und Philosophie, in den kriegsbeschädigten Deutschen einzementiert, im Kontrast das Aufbaugetöse des Sozialismus, die Kampf- und die Friedensparolen im gleichen Ton. Selbstbeglaubigungshymnen der Weltmachtstaaten, die Menschenrechte, die Würde, die Humanität, alle im Vollbesitz der westlichen Welt, Monopolisten lautstark unter sich. Der Sprachraum der Öffentlichkeit schien immer besetzt. Es gab jenen Adenauer, der erklärte, seine rechte Hand werde faulen und fallen, wenn je wieder deutsches Militär auf deutschem Boden stehen werde – da wußte ich: die Sache war im Gang. Ich wußte, hörend, immer woran ich war, ich hatte von Kind an *Parolen entziffern* gelernt, ein Spiel, das mir leichter als den Erwachsenen fiel. Es gab den Politiker, der verkünden konnte, daß man das Recht habe, Auschwitz zu vergessen, wenn man, wie die Deutschen der BRD, auf enormen Aufbau zurückblicken könne – *wirtschaftliche Leistung* hieß das Wort. Derselbe Politiker glaubte, behaupten zu können – immer noch unangefochten, zehn Jahre später –, man habe, als Volk, nicht das Recht, informiert zu werden, und nicht die Pflicht, als Regierung, zu informieren. Politischer Lärm dieser Art bewirkte von Grund auf, daß sich keine Parole in meinem Gehör verfängt.

So vergeht meine Zeit, die auf Erden mir gegeben ist. Ich höre die großen Töne und entziffere sie, ich höre die lautlosen Töne und weiß, wo ich bin. Lärm falscher Tonarten füllt die heitere Luft. Das Buch vom Lärm, das ich verfassen werde, wenn ich so weise bin, daß mich nichts mehr erschüttert, so stark, daß ich mein Haus aus dem Boden reißen und forttragen kann, so ausgestanden, daß das Wort *Mensch* keinen Zweifel mehr in mir hervorruft, keine Befürchtung und keinen Zorn – das Buch vom Lärm, das dann zustandekommt, wird ein längeres Kapitel enthalten, das heißt: vom Antisemitismus und seiner Tonart – seiner deutschen, französischen oder polnischen Tonart, seiner arabischen oder russischen Tonart – seiner Tonart, Tonart. Ich werde Physiognomien und Stimmen erzählen, die charakteristische Art von Stirn und Nacken, das Intonieren des chronischen Vorbehalts und, dem *bösen Blick* entsprechend, das *böse Ohr*, das von Kindheit an mein Gehör verschärfte –

Hier unterbricht mich Angiolieri.

Falsche Tonart? sagt er. Die hat jene Krankheit nicht. Sie hat, wie du nachprüfen kannst, die direkte Tonart, die unmittelbare, und die ist nicht falsch. Sie kann verdrückt sein, aber sie ist nicht falsch. Die Krankheit stellt sich dar in direkten Tönen, die in allen Sprachen dieselben sind. Du hörst ein Wort, nur ein Wort, und weißt Bescheid.

Ja, du hörst ein Wort, nur ein Wort, und weißt Bescheid, ich kenne mich aus in der philosemitischen Tonart – sie ist die falsche, vorsätzliche, indirekte, eine Widerwärtigkeit, ein Gift meiner Kindheit – der arme Jude, der gute Jude, der Jude, den wir lieben und respektieren – das tönte und seufzte im deutschen Nachkrieg bis heute – Beteuerungen von Unschuld und Sympathie, Zerknirschung, Verlegenheit, ratlose Aversion, und bleibt für mich im Lärm der Jahrzehnte ein Falschlaut, den das absolute Gehör nicht hinnehmen kann. Ich kannte im Ganzen zwei wirkliche Philosemiten, also einen Menschen, und noch einen Menschen, Zeitgenossen ohne Beteuerung, deutsche Dichter ohne falschen Laut. Ihre Stimmen beschließen mein Buch an der Stelle, wo von Stille gesprochen und wieder geatmet wird. Der Schlußvers meines Buches wird lauten:

Auch ein Schweigen
ist noch zu laut und wird hörbar
zwischen den Zeilen.
Das Lautlose kommt noch zu Wort
in der Metapher
vom Fischmaul.

Aus allen Sprachen
fallen, und fortgehn.
Kein Regenbogen in der Tasche.
Kein erstes Wort auf der Zunge, kein letztes.
Spurlos. Ohne falsche Zeugen.
Überfällig nirgend.

Kein erstes Wort auf der Zunge, kein letztes, kein falsches Wort auf der Zunge und auf dem Papier, kein falsches Wort in den Lautsprechern und Prospekten, kein falscher, verfälschender Hauch in Wortlaut und Tonart, in Sprechweise, Sprachgebrauch und Poesie – das wäre mein Traum, sagt Jubal der Tagdieb (und Angiolieri stimmt ihm lauthals zu), meine Utopie, mein *Paradiso Terrestre*, meine Hoffnung über *stumm und still* hinaus. Ich halte meine Ohren in dein Jahrhundert (sagt Jubal der Tagdieb und Angiolieri nickt) und bin von der Abart aller Töne erschlagen, taub im Simultangetöse der Phrasen, in der Apocalyptic von Aberglauben und Täuschung, Heuchelei und Wahn. Falsche Tonart im Tonraum der Poesie. In Klappentexten, Reklamen und Rezitationen, in Elogen, Rezensionen und Preisrichterstimmen, in den Sprachen von Podiumssiegern und Obskuranten, egomanische, dilettantische, hypertrophe, fade und mittelmäßig, aber laut – mein Ohrensausen ist unheilbar geworden, Hirn- und Ohrenkreischen, wie hältst du das aus! Am Abend hört man den Schrei der Fledermäuse, zwei Rappen springen auf der Wiese, der rote Ahorn rauscht. Dem Wanderer erscheint die kleine Schenke am Weg. Herrlich schmecken junger Wein und Nüsse, herrlich: betrunken zu taumeln in dämmernden Wald. Durch schwarzes Geäst tönen schmerzliche Glokken, auf das Gesicht tropft Tau. Wenn ich einen Menschen schädigen könnte, sagt Angiolieri, wenn es in meiner Macht stünde, zu bestrafen, wenn es mir möglich wäre, zugrundezurichten, was ich nicht tun will und was ich nicht kann, wozu ich niemals in der Lage war – ich kann nur mich selbst zugrunderichten –, aber wenn ich den Menschen beschädigen könnte, ihn seiner Freude berauben und seiner Vernunft – dann würde ich das allein mit Sprache tun. Alles Unorganische in der Sprache, falsche Pathetik, scheinheilige Demut, tatsächliche Hybris und echte Rückschrittlichkeit, Himbeertöne aus Tröstung und Weltverdrängen, die feuilletonalen Normen aus Mittelmaß, liberale Impertinenz aus Meinung und Urteil – ich würde meinen Sünder damit stopfen, bis ihm Atmen und Denken vergangen sind. Er müßte auswendig lernen und rezitieren: die Opernlibretti von Richard Wagner, und was derselbe über Frauen schrieb; er müßte auswendig lernen und deklamieren: die Tiefsinn schleppenden, Sprache sein sollenden Verse, Poesie und Vernunft verhöhnenden Präparate, die Rudolf Steiner glaubte, verfassen zu können; eine Reihe von Hitlerhymnen und Stalinoden, und faschistoide Fanfaren aus dem Kotau, in verschiedenen Sprachen und in der Lautstärke zehn; die Reden der Präsidenten und Hintermänner, der wechselnden Staatsmeerschweinchen von Rechts und Links. Auf dem ersten west-östlichen Humoristenkongreß, allein auf dem Podium und ohne Souffleur, müßte er rezitieren und deklamieren, alles Gelernte, auswendig, ohne Pause, begleitet von Ausbrüchen stürmischer Heiterkeit, im Großen Gelächter der ehrenwerten Gesellschaft – bis er sich, stammelnd, nicht mehr zu helfen wüßte, in Gedächtnisverlusten und Schluckauf verkäme, und unverständlich lallend auf die Bretter fiel, und im Beifall der Humoristen spurlos verschwand.

Es ist tröstlich, zu wissen, fahre ich fort, daß man vor hundertachtzig Jahren, im Hause der Schlegels (Friedrich und Caroline) fast von den Stühlen fiel vor Gelächter, als man dort Schillers Lied von der Glocke las. Es ist schön, daß George Grosz einen Vers von Rilke – *Armut ist ein großer Glanz aus Innen* – zum Titel einer Zeichnung machte, die von Elend deformierte Gestalten zeigt.

Wenn ich aber vom echten Ton, von Zauber und Reichtum der Sprache sprechen sollte, wenn ich den oder jenen zu überzeugen versuchte, ich könnte nichts Besseres tun, als Ramuz zitieren, ein paar Sätze aus seinem Journal:

> Ich verlange weder Reichtümer noch Ehren; ich will mich abfinden mit Ungewißheit und Armut – aber das Schicksal vergönne mir, daß ich mein Denken nach außen projiziere; daß mein Wesen sich voll ausspreche; daß mein Herz rede; daß meine Zunge gelöst sei; daß ich, auf Irrwegen eigensinnigen Suchens, zu den Entzückungen der Sprache gelange und zu den vollkommenen Offenbarungen einer, vielfältige Aspekte bietenden Seele; daß das in mir Lebendige lebendig hervorgehe aus meinem Mund.[14]

Inzwischen sagen wir weiter: Poesie? Antwort auf keine Frage, Angiolier. Sie hat nicht Geburtstag oder Namenstag, sie kennt kein Allerseelen, es geht ihr gut. Sie erholt sich von jeder Schandtat, die an ihr verübt wird. Ihr stärkster Buhruf ist in dem Lärm ein Wispern, leise, beharrlich, unauffindbar – wir haben, heißt es, ein paar Mäuse im Keller, macht nichts. Falle, Falle, Mäuse alle, Katze und Speck, Maus ist weg. Das Gedicht ist, scheint es, vorhanden auf seine Weise, mehr hören wir eigentlich nicht davon. Es tritt nicht in Konkurrenz zu Gen-Forschung oder Technik, es überbietet keine Ministerrede, es wird nicht aus Störsendern in die Programme geschaltet, es hat in der Publizistik keine Form. Es ist ein *Jasein* der Sprache unter jeder Bedingung.

14 C. F. Ramuz, *Tagebuch 1896-1947*, Frauenfeld/Schweiz, 1982

Wenn die uralte Traube,
Die schwarze, wiederkehrt staubig und warm,
Weckt mich immer der Glaube:
Du sollst nicht schluchzen, der Gott wird nicht arm.[15]

Angiolieri läuft im Zimmer herum. Sein Gesicht ist Hohn und Hochmut, die Stimme hart. So, der Gott wird nicht arm? Das ist gut für ihn, er kann es brauchen. Aber du, mein aufgeklärter Kuckuck – willst du ihm Schwamm voll Gift an die Lippen setzen? Ein Stück verfaultes Brot vor die Nase halten? Willst du ihm, mein gottvergessener Freund, deinen großen Protestgesang um die Ohren schlagen. Willst du ihm auch, ich bitte darum, Angiolieris Ergriffenheit übermitteln!

Antwort auf keine Frage, Angiolier. Der Regen klatscht auf die Berge, er tropft aus den Bäumen, und läuft in breiten Bahnen am Fenster herunter. Die Nacht, nach Laub und Pflaumen duftend, dringt kühl ins Haus. Feuchtigkeit wellt Bücher und Papiere, zuerst die Zeitung, zuletzt das Lexikon. Die Falter sind verschwunden, die Glühbirne brennt. Hinter den Regenschauern, oder in ihnen, sind Schüsse zu hören, in regelmäßiger Folge, Angiolieri hat sich zuerst erschreckt. Der dunkle Herbst kehrt ein voll Frucht und Fülle, vergilbter Glanz von schönen Sommertagen. Ein reines Blau tritt aus verfallener Hülle; der Flug der Vögel tönt von alten Sagen – das heißt: es ist die Schußanlage von Monsieur Fort, er hat sie im Weingarten installiert, nicht weit von hier, zwischen Straße und Fluß, und nach eigenem Ermessen eingestellt. Alle zehn Sekunden platzt ein Schuß. Der Schuß wiederholt sich während der ganzen Nacht, er

15 Oskar Loerke, *Die Gedichte*, Frankfurt a.M. 1958

vertreibt keine Elster und keinen Fuchs. Der Schuß zerstört die Zeit, die Nacht und den Schlaf, und Monsieur Fort hat keinen Begriff davon, man überzeugt ihn nicht, wenn man protestiert. Angiolieri – er bemerkt es nicht – hat sein *Ihr* und *Euch* verlassen, er sagt jetzt *Du*. Er sagt es zu mir und setzt es vor jedes Ding. Du Brot, Du Wein, Du alles was existiert. Er verklebt weder mich noch sich selbst mit Vertraulichkeit, er ist diskret. Ich kann ihm, wenn ich will, eine Freude machen, kleine Antwort auf sein Gastgeschenk. Es ist ein Sonett, an Angiolieri gerichtet, von wem verfaßt? von wessen Hand kopiert? zu welcher Zeit seines Lebens an ihn gesandt? kann sein, zwischen Rom und Grosseto verlorengegangen. Ich sage: das Gedicht hat dich nicht erreicht, es wurde in einer Bibliothek entdeckt, in Bergamo oder Faenza, zwei Jahre her, ich habe eine Fotocopie gemacht. Eine flüchtige Eitelkeit läßt ihn träumen – wer kann der Verfasser gewesen sein? Daß das Sonett von mir ist, braucht er nicht zu wissen.

Antwort auf keine Frage, Angiolier.
Es ist das Neinsein gleich dem Lebenslauf,
er hält sich himmelschreiend darin auf
und gibt den Lärm für keinen Frieden her.

Des Quergeschlagnen schwarze Galle lacht
beim Anblick seiner selbst, der Kopfstand macht
und gähnt erfreut in Gottes Angesicht
und macht sein Ebenbild, doch daraus nicht.

Das Fell macht Juckreiz. Wieviel Nachbarin
streckt ihre vollen Hüften zu ihm hin
und fühlt von seinem Stachel sich beseelt!

So lebt er ewig bis ans End vom Glück
und schmeißt, was ihm beliebt, ins Nichts zurück:
das ganze Menschsein und was darin fehlt.

Dritte Vorlesung

Dritte Nacht

Angiolieri stellt sich vor mich hin, legt den Zeigefinger an das linke Ohr und sagt: Hörst du mich?

Und ich: Freilich.

Und er: Wenn ich schweige, was hörst du?

Und ich: Nun – nichts.

Und er: Richtig. Aber was hörst du – es ist still, und ich sage: Saûm.

Und ich: Ein Wort? Ein einzelnes Wort? Ein Fundwort, Fremdwort, Paradewort, Schlüsselwort? Was noch – ein Name?

Angiolieri gibt Saûm nicht preis, er überläßt mir Saûm und ich kann recherchieren. Es gehört zur Komplicenschaft, und zum Reiz des Spiels, daß der Einsatz – das Wort – nicht verraten wird. Selbstverständlich hat Angiolieri recht, und wenn ich ihm ein Wort vor die Nase setze, es unterjuble oder präsentiere, spiele ich *wunder was* am langen Faden. Ich zeige den Gegenstand, wie verlockend er ist, wie betörend im Licht, und daß man ihn gut erkennt, und dann – er will schon zupacken will er – ziehe ich meinen Faden und – *wunder was* weg. Was bleibt dem geflopten Komplicen als der Wunsch, jenes eine Wort zu besitzen, und zwar sofort. Saûm! Saûm! Alles liegt an diesem Wort Saûm. Das Wort und sein Grundwasserklang, sein Widerhall, seine Aura – die Entheimlichung dessen, was nicht heimlich ist, nicht verheimlicht wird und kein Rätsel darstellt. Gottesnarrentum der Wörter und Silben, Weltreich der Substantive, die jedem gehören, bis auf weiteres scheintot im lexikalischen Grab, in den Schriften der babylonischen Bibliothek. Wörter und Wortschätze, die gehoben werden, wenn Neugier – die Lust auf Sprache – zu fragen beginnt. Der Wortfänger legt sein Magnet ins Universum der Sprachen – sein Magnet ist ein einzelnes Wort, ein einzelner Satz –, und die Wörter kommen, allein und in Rudeln, sie sammeln sich um sein Werkzeug und setzen sich an ihm fest, Wörter jeder Tonart und jeder Herkunft, aller Verwandtschaftsgrade und vieler Zeiten, die tatsächlichen und die erfundenen Wörter, die lauten, die stillen und die unzeitgemäßen, die veralteten, die neuen und ultraneuen, die geächteten, die vermißten und die geliebten – sie sind das Kapital der Luftgeschäfte, die Spielzeuge und das Vermögen des Baladin, der Grundstein und Bausteinbesitz des Homo faber, sie sind der Jeton des Spielers, der Dietrich des Diebes – was noch?

Das Luftreich Adéobeyn, das Erdreich Mol, der Geist Asasel, und das Wort Saûm – die Wüste, das Volk, der Gott Saûm, das Flüßchen Saûm? Das Land Orplid, das Land Ofir, und das Land Paohl. Der Fluß Sambation – Shabaton – und das Wasser Sorg, und daß die Malve *Käsepappel* heißt. Die Hölle Sheol, der Wind Libibi, der Engel Azrael und der Vogel Merops. Der Mensch Hans Pantuffeltier, die Zirpe Lacerte und die Geheimnisse aller Abkürzungen: Der *KDMQ* und das *KR* – Strich – *MPF*. Das Promsomolgumgnaz, der Puffmazorm, und das Klu-Punkt-Vlitvlitgr – freudlose Normen, die sich dahinter verbergen. Die Namen aus Botanik und Zoologie, die Begriffe aus Weltraum, Zirkus und Geografie, der Lachfältchendialekt der Verkleinerungsformen, die Invasionen der Fremdwörter und was noch?

Ein Code für alles und nichts? Ein Codex aus *wunder was*?

Es ist der persönliche Wortschatz, sagt Jubal der Tagdieb, egal in welchen Formen er existiert – als Wörterbuch in der eigenen Handschrift, als Liste im Computer, als Feuerschrift an der Wand, als Geräusch im Traum, als Sammlung von Wörtern, die das Gedächtnis festhält, und du weißt noch im Schlaf, daß es deine sind. Etwas zwischen Abfalleimer und Safe. Wenn am Anfang das Wort war, wird auch am Ende das Wort sein. Es ist deine erste und ist deine letzte Chance. Wenn du dich veränderst, wenn die Welt sich verändert, wenn sie unkenntlich wird vor deinen Augen – dann hast du die Wörter. Ihre Reinheit ist nicht angreifbar. In ihnen sind vorrätig alle Alter der Welt. Ihre Tonart ist das, was du selbst bestimmst. Das Wort bringt dir Buchstaben, Silben und Klänge, du bringst ihm den Stoff. Das Wort ist Klischee, du bist es nicht (Angiolieri lacht, das ist sein Fragezeichen). In der lebendigen Durcheinandersetzung (ein Wort, das Jubal der Tagdieb aus Zufall erfand) entsteht ein Wortlaut, der dir gehört, und bilden sich die Sprachen der Poesie. Es ist dein Wort Atem, dein Wort Papier, dein Wort Poesie. Dort sind deine Namen von Landschaften, Häusern und Dingen, Lebewesen und Welten, von Sein und Nichtsein, dort sind deine Worte Brot und Wein. Dort sind die Namen derer, die du liebst, und die Namen derer, die du vergessen hast, dort sind die Namen der Orte, die dir gehören – Babylon-City, Irdisch-Unkraut und Villededon –, dort ist die Passage du Petit Cladan, weil zu ihr ein Tag im Oktober gehört, ein Duft von Lavendelwasser und frischem Brot, ein Licht aus Nordwind, und wenn es hochkommt, ein Mensch in deiner Begleitung. Es ist das Wort Nacht, es steht im Lexikon, aber du bestimmst das Wesen der Nacht, ob das Schneenacht, Mainacht, Tanznacht heißt, Allnacht, Gottesnacht oder seelischer Tod. Dein Wortschatz, sagt Jubal der Tagdieb, gehört dir wie nichts sonst, sofern du ihn wahrnimmst als Eigentum. Er umfaßt den willkommenen Teil des Vermögens, der nicht willkommene gehört dazu. Es ist der Wortschatz deiner Unterwelt, Hauch, Laut und Schrei leibeigener Gespenster, und ist der Wortschatz derer, die deine Existenz unterbieten, durch Vorschrift, Verbot, Verhaftung und Bürokratie. Es sind die Sprachen derer, die Leben und Dasein vernichten, und du nimmst sie in deinen Wortschatz auf. Du hast sie deinem Wort *Neinsein* einverleibt.

Es ist die unbekannte Stadt *Jaljil.* Ihre tausend Häuser sind über die Welt verstreut, ihre siebentausend Zimmer nochmal verstreut, und das Bett, dessen Zimmer gesucht wird, es gibt nur ein Bett, hat für Luft und Liebe dasselbe Stroh. Ich habe in Zimmern der Stadt gewohnt, auf den Böden geschlafen und aus den Fenstern geblickt, und behalte keine Gewißheit von Ort und Zeit. Das Bett, in dem ich erwachte, war nie aus Stroh. Es ist eine Geisterstadt der Hotels und Bordelle, der leeren Treppenhäuser und leeren Pinten – in einer Septembernacht gegen vier Uhr früh – dort traf ich Jasnando zum erstenmal, dort habe ich die eigenen Gestalten kennengelernt, in lichterlohleeren Passagen der Stadt Jaljil, dort ließ ich sie zurück unter ihresgleichen, körperlose Gestalten im Raum ihrer Namen, vagabunde Lebewesen aus Sprache, die in Stimmen und Namensrufen lebendig sind. Es ist eine Nacht im September, *es ist eine seltsame Nacht*, ich bin vielleicht in Jaljil und ich bin in Berlin, im eigenen Wagen nach Berlin gekommen und in der Wohnung untergetaucht. Ich habe mich eingeschlichen bei mir selbst, kein

Mensch, kein Wort, keine Korrekturfahne weiß, daß ich zu Gast bei meinen Papieren und der Unsichtbare des eigenen Namens bin. Das ist mein Glück und ich kann es behalten, solange ich Klingel und Telefon verneine, und das Namensschild an der Tür behaupten lasse, es sei nur ein Hinweis auf meine Abwesenheit. Im Haus wird eingebrochen, je öfter je lieber, doch bin ich bis heute vor *Ganéw & Co* geschützt, denn ein Kratzer neben der Klingel weist darauf hin, daß der Bewohner immer zu Hause ist. Der Kratzer ist eine Schwundform der Gaunerzinke – alles hängt an dieser Gaunerzinke! – ein Hoheitszeichen der ehrbarsten Tradition, mit einem Taschenmesser gekratzt von wem – ein Postbeamter, ein Sperrmülldieb, ein Kleingeldzausel, der Wochenblätter vertreibt, ein Strolch aus der Weltfamilie der Klinkenputzer, die – da ich immer zu Hause bin – bei mir läuten, und durch die geöffnete Tür zu Taten schreiten?

Mein Arbeitsplatz und mein Handwerk sind immer zu Hause, ich selbst bin auf Schlemihls Wegen ein bissl weg, und der Name verwandelt sich in ein Pseudonym, das an der Klingel treuen Dienst verrichtet. Die Treue meiner Bücher und Bilder erfreut mich, sie sind, unter immer mehr Staub, immer wieder dieselben, obwohl ihre Inhalte sich zu verändern scheinen. Nach Jahren zeigt sich: es fanden Austausche statt. Eine Schlittenfahrt in *Anna Karenina* ist in einer Erzählung von Tschechow aufgetaucht, und *Bartleby*, eine Weile bei Beckett verborgen, ist nach langer Fahndung zu Melville zurückgekehrt. Die Bilder hängen verwackelt an allen Wänden, das kommt aus den Schütterungen der Metropole, aus Getöse soussol und erdballbebenden Kräften, die im Lauf vieler Jahre in die Bücher gehn, kaum sichtbar verschiebendes, reibendes Unwesen treiben, Buchbretter verbiegen und Staub in Papiere versenken, dem Vergänglichen zuarbeiten auf ruhige Art. Unsterblichkeit ist eine schöne Idee – ein Gedanke, ein Irresein, eine Illusion –, auf die ich, sagt Jubal, verzichten kann, wenn ich lebe, danach erst recht. Unsterblichkeit – was war denn das? Ein goldenes Nichtschen in einem niemalenen Büchschen? Eine bleierne Last im geplagten Gewissen der Kunst. Ich bin im Vergänglichen gern zuhaus, und Staub und Spinnweb sind vertraute Zeichen. Ich esse gern aus Geschirr, das für andere gut war, trug Kleider auf in der Kindheit, die andere verbrauchten, ich arbeite gern in Räumen, die lange bewohnt sind, und finde interessant, was übrig bleibt: zum Beispiel im Korridor ein Filzhut aus London, von Christopher Middleton an mich vererbt, das farblose Ding da gehört mir wie weniges andere, und wird von meiner Zukunft im voraus beansprucht, als Unikat für Nobodaddys Koffer, der gesammelte Drucke von William Blake enthält.

Ich liebe die alten und die neuen Sachen. Papier und Werkzeug sind neu, die Kassetten neu, die Materialien, die Tinten und Bleistifte neu, das Terpentin, der Wein und Tag und Nacht. Alt und neu zugleich ist ein Chanson. Die erste Notierung ist zwanzig Jahre, die letzte Fassung vier Wochen alt. Es ist ein zu Ende gelebtes Dingdangdong, dreißig Fassungen alt und von mir entfernt, Musike aus meinem Besitz, doch vernimmt sie keiner. Sie lebt nicht mehr in den wechselnden Formen des Machens, und besitzt noch nicht ihren Ort aus Druckschrift und Buch, ihre gleichsam soziale Norm in der Literatur. Ein Vers aus dem Zwischenreich des Beziehungslosen, ein Tanderadei, das sich selbst gehört, sich selbst gehörte, bis eine Stimme – meine Stimme – seine Stille laut und öffentlich macht.

Alt sind die Pappeln
vorm Haus.
Das Türschloß ist neu, der Briefträger und sein Rad.
Das Grab vom jungen Haferstecher ist neu.
Das Unkraut ist alt
und die Straße nach Villededon.

Alt ist der Brief aus Paris
das Gedenken ist neu.
Alt ist das Foto mit dem verwehten Haar
und Julias Shawl
auf der Straße nach Villededon.

Neu ist das Wasserglas
und die schlaflose Nacht.
Die Briefumschläge sind neu, die Umarmungen alt.
Paris ist alt
und die Straße nach Villededon.
Neu ist die Adresse in der Schurigelstraße.

Alt ist die Straße nach Villededon, und neu
der Gedanke an nichts.
Das Ohrensausen ist neu, das Ohrensausen.
Die Vergangenheit ist neu, die Zukunft ist neu.
Die Zukunft ist alt.

Es gibt, im Extrem, zwei Figuren des Homo faber, also dessen, der etwas macht, des Createurs. Der eine macht ein Ding und dann ist es da, er benötigt es nicht, noch hält er sich an ihm fest. Das Ding ist gemacht, es gehört ihm danach nicht mehr. Daß er es machte, ist für ihn genug. Es vermißt es nicht, kultiviert es nicht, und weiß: das Ding, das er macht, erlöst ihn nicht. Es ergänzt das

Vorhandene um einen eigenen Wert. Es kommt zu allem Gemachten noch hinzu. Sein Bild in der Öffentlichkeit ist ihm egal, zum Verbleib seiner Dinge kann er nichts Zweckhaftes tun. Sein Wille ist: sie leben aus eigener Kraft. Man nannte ihn *Pausenclown*, da hat er gelacht. Etwas zu sein und nicht zu scheinen, ist ihm ein gutes, natürliches Gefühl.

Ich habe die Poesie im Herzen, sagt Clemens Brentano, aber ich drücke sie nicht ans Herz.

Tagdiebe waren wir, Tagdiebe sind wir, Tagdiebe bleiben wir alle Zeit. Das sagt Jubal, der König der Musikanten, Kenner der Luftgeschäfte par excellence.

> Von höflichen Umgangsformen, im Gespräch sanft und überredend, äußerlich geschäftsmäßig, ohne irgendein Zeichen von Überheblichkeit, dankbar für und leicht verwundert über alles, was man kommerziell für ihn tat, verpaßte er garantiert jede Gelegenheit, praktischen Nutzen aus seiner Dichtung zu ziehen. Und er machte alle unsere Versuche zunichte, die ihm ermöglichen sollten, sich selbst zu helfen. Es war, als berührten ihn die Alltagserfolge des Schriftstellers nur an der Oberfläche. Er konnte einen Packen begeisterter Kritiken durchblättern, als seien sie Erzeugnisse eines Schülerwettbewerbs – es war, als wolle er damit sagen: Lassen wir doch den Kritikern die Freude, was hat denn das mit mir zu tun. Ohne Zweifel war das verlegerische Ereignis, das ihm am meisten bedeutete, das Erscheinen seiner *Collected Poems*. Aber als er die Gedichte revidierte und zusammenstellte, verlor er zeitweise jedes Interesse an ihnen. Das ging so weit, daß er die Originale mehrmals verlor. Als sich herausstellte, daß das Buch einen außergewöhnli-

chen Erfolg hatte, war er weder hochgestimmt noch überrascht.[16]

Das schreibt ein Verleger über Dylan Thomas.

Der andere legt Wert auf sich selbst und sein Erscheinen. Er trennt sich nicht vom Gemachten, er hält es fest. Er zeigt es vor und bestätigt in ihm sich selbst. Er ist sich seiner Arbeit als Leistung und seiner Erscheinung als Wert bewußt. Konkurrenz ist für ihn eine echte Kategorie, wie Gesellschaftsfähigkeit oder Repräsentanz. Er kennt seine Bücher par cœur und bezieht sie auf sich, das vor zwanzig Jahren Gemachte bleibt gültig für ihn, und weiterhin wirksam im Aufbau seiner Interessen, ein Fertigteil im Bau seiner Biografie. Erfolge und Öffentlichkeit sind für ihn primär, ohne Bindung an sie und sein Werk zerfällt sein Ich. Er ist der Hochaufgerichtete, der behauptet: *Man liest mich* – aber liest man denn nicht sein Buch? Er ist seriös und diktiert durch Verhalten, auf welche Weise man ihn zu verstehen hat. Er vertritt sein Werk und sich selbst auch ohne Anlaß, als den eigentlich einzig bedeutenden Fall seit Brecht. Er ist ein Kameltier, das zu tragen weiß, insbesondere *Verantwortung*, und er spricht darüber, er hält sie für angemessen, sich selber auch, und wer, wenn nicht er, demonstriert den aufrechten Gang. Er bringt die Trauerarbeit in die Schreibarbeit ein, so drückt er sich aus. *Sinngebungen* – ein Irrtum der Geistesgeschichte, er glaubt, sie dem Menschen schuldig zu sein. *Grenzüberschreitungen* – ein bescheidener Schritt, er hat einen Ausflug gemacht und kommt zurück. In der Verantwortung kann er zum Vorredner werden, zum beglaubigten Mitteilungs-Ethiker einer Bewe-

16 Bill Read, *Dylan Thomas*, Reinbek bei Hamburg, 1968

gung, einer Klasse, einer Nation oder einer Zeit. Es gibt in der Kunst präzeptorische Charaktere, Sprachrohre im Aufbauklima von Geist und Macht, deren Stimme sich, selbstermächtigt, erheben muß, für Tendenzen, Parteien, Kulturwerte oder Programme, im Anspruch auf die Ohren der Öffentlichkeit, und im Vorrecht, gehört zu werden, um jeden Preis. So stellt sich der Laureat des Bürgertums dar. So steht der Kulturträger über der Poesie. »Kein Dichter wird bei seinen Lebzeiten erkannt, außer von Einzelnen. Keiner ausnahmslos.« Armer Hugo von Hofmannsthal! Traurige Ausrufezeichen in diesem Satz, verfehlter Anspruch, vergebliche Bitterkeit. Nicht erkannt zu werden – welche Chance. Erkannt zu werden – was für ein furchtbares Los, auch in bürokratischer Hinsicht nicht wünschenswert. Poesie, gleichgültig in welcher Form, kann im Vordergrund der Geschichte kein Merkmal sein. Sie wird in der Vereinbarung nicht geschaffen, sie kümmert in Auftrag und Programm dahin. Sie ist und bleibt auf Einzelne angewiesen, Einzelne ohne Zahl, nicht organisiert. Sie ist im Hintergrund alles, im Vordergrund nichts. Nimm dir ein Beispiel an mir, sagt Jubal der Tagdieb. Ich spiele meine Pfeife, ja was denn sonst. Und wie ich sie spiele! Das kannst du hören, wenn der Lautsprecher ausgeschaltet ist.

> Tag im Sommer und was ihm gehört, das Licht auf der Straße und über den Bergen, das erste Heu im Juni, das letzte Gras im September. Die Dinge sind gut, sie sehn nach sich selber aus, und haben einen Namen, der ihnen gehört. Der Wind geht durch offene Häuser, die Sonne auch, der Regen fällt auf die Erde und alles ist gut.
> Alles ist gut.

Ungefähr alles ist gut.
Vieles ist im Taglicht unterwegs, Fahrzeuge, Tiere und einiges, was man nicht sieht. Es sind auch Menschen im Land zu sehn, ein Mann und eine Frau im Schatten der Bäume, im tiefen kühlen Schatten der Kastanien, im Duft ihrer Blüten, im schattigen Gras.
Sie gehn auf dem Fahrweg unter Kastanien. So kommt es, daß im Gras ein Shawl entdeckt wird, sie hat ihn zuerst bemerkt, einen seidenen Shawl.
Sie hebt ihn auf und fragt, wem der Shawl gehört. Wer hat ihn verloren oder weggeworfen.
Laß ihn fallen, sagt er, laß ihn liegen. Möglich, daß er gesucht wird, wer weiß von wem.
Nach ein paar Schritten liegt ein Gürtel da.
Sie hebt ihn auf und er sagt: laß liegen. Möglich, daß er vermißt wird, wer weiß von wem.
Leg hin, laß liegen.
Nach ein paar Schritten liegt ein Ohrring da, sie hat ihn zuerst bemerkt, einen silbernen Ring. Sie steckt ihn ans Ohr, und legt ihn zurück ins Gras.
Leg hin, laß liegen.
Nach ein paar Schritten liegen Strümpfe da, ein Strumpf im Graben, der andere im Sand, laß liegen.
Es ist danach eine Jacke, laß sie liegen.
Tag im Sommer und was ihm gehört, Unkraut am Fahrweg, Zeug in der Sonne, Abfall im Graben. Nicht weit davon liegt eine Hand im Gras.
Möglich, daß sie vermißt wird. Laß sie liegen.
Es ist eine kleine, weiße Hand, sie hat fünf Finger wie jede und ist kalt, kalt in der Wärme des Sommers, und wo ist die andre.
Die eine, die andre. Was liegt, laß liegen.
So kommt es, daß am Weg ein Kopf entdeckt wird,

> Gesicht eines Menschen, nie gesehn. Kennt man ihn? Man hat ihn nicht gekannt. Wird er vermißt? Er scheint nicht gesucht zu werden. Sieh das Blut in den Augen, das Blut auf den Lippen. Laß ihn liegen.
> Der Fahrweg hört nicht auf, sie gehn auf ihm weiter, im Schatten der Kastanien, durch Staub und Abfall.
> Dann werden die Arme gefunden und die Beine, die Knochen und die Rippen, die Haare, die Ohren. Möglich, daß sie vermißt werden, oder man sucht sie. Laß liegen.
> Laß liegen, was liegt. Leg hin, laß liegen.
> Andere gibt es, danach noch viele. Wir finden alle. Komm weiter.

Es ist eine Nacht im September in Berlin. Es ist die ungeteilte Weite der Luft, himmelhoch offen zu östlichen Ebenen hin, voller Flugschneisen, Vogelschwärme und Chemie, es sind die Dämme, die preußischen Perspektiven, die stillgelegten Gleise und ihre Geraden, menschenleere Pisten für Tier und Unkraut, Kanäle und Küstengebiete im Innern des Steinmeers, Ödländer, Müllgelände, Manöverräume, in Herbstlicht weit versinkende Straßenzüge, Brandmauerschönheit, dieselbe in Ost und West. Berlin ist ein Ort, den kein Mensch je kennenlernt, eine immer unerreichbare Metropole, ein Palimpsest aus Architektur und Leere, ein Kriegs- und Friedensschauplatz, nicht teilbarer Limbo. Hauptsitz des Janus zwischen Ost und West, an dunklen Tagen in Brooklyn verschwunden, an grauen Sommertagen in Leningrad. Unerhörtes Dröhnen erfüllt diese Stadt, Manöverexplosionen der Alliierten, Schüsse und Sirenen in Ost und West, das chronische Donnern der Flüge in wechselnden Schneisen, und Stadtbahnbeben unter dem Fundament. Hier stoßen und fallen die Weltbilder aufeinander, Propagandagerangel und ideologischer Clinch, die verschiedene Tonart in Nachricht und Literatur. Es ist der tägliche Rückruf in die Geschichte, in dieser Stadt hört kein Verbrechen auf, und die Vergangenheit wird hier nicht versöhnt. Geschichte, was immer das sei, ist vielleicht ohne Sinn, doch macht sie Lärm und hat ihre Metaphysik. In diesem Paradox existiert Berlin, als Veranstaltung seiner selbst zwischen kontroversen Interessen, und bleibt für mich ein Ort der westlichen Welt, in dem die Epoche als Gespenst erscheint.

Berlin, das ist eine Lebensgeschichte in zwei Städten, es ist eine Unterwelt und ein Arbeitsbericht, eine Unerschöpflichkeit und ein Daseinsschreck, eine Phantasmagorie und Alltäglichkeit: die Pariser Straße, die Kneipen, die Seen im Schnee – ein Grenzübergang, derselbe neunhundert Mal, in Jahren und Jahreszeiten immer gleich, die konstante Verödung jeder Lebendigkeit. Berlin der Bahnhöfe und der Autobahnen, Moloch, in dem meine Toten lebendig sind: Johannes Bobrowski, Volker von Törne, Günter Bruno Fuchs, Victor Otto Stomps, Peter Szondi, Uwe Johnson, Nicolas Born, Peter Weiss. Berlin in den Jahreszeiten, Berlin im Regen, Sintflut-Bebop und Tschatschatscha, nächtliches Berlin, eine Bar voll Musiken, walkin in the night der sechziger Jahre. Der latente Tanzschritt durch Blues und Rock, Musikbox, in der ich atme mit meinen Sätzen, Musiken der Schlagwetterrhythmen und Leierkästen, Wut, Jubel, Tristesse und ein schneidender Pfeifton – das nackte Menschsein und was darin fehlt.

Ohne Anlaß kommen Geräusche wieder, die ich nachts in Metropolen hörte: Pferdegaloppieren, Löwenbrüllen. Ohne Grund oder Anlaß erscheint ein Satz: *Hörst du – die Pferde der Nacht, am Ende der Straßen.*

Ein Satz ohne Anknüpfungspunkt und Gedankenverbindung, ich fand für ihn keinen Ort in der Poesie. Er ist ein Bestandteil, aber von welchem Ding. Er ist ein Partikel, aber aus welcher Zeit. *Pferde der Nacht* – ein Abfall Poesie, ein Rest von Traum, ein Zitat, das sich selbst vergaß, eine fluktuierende Formel für meinen Gebrauch: sie hält akustische Metamorphosen fest.

Meine Wohnung im Zentrum der Stadt ist still, der Hinterhof dunkel. Fallender Wind bewegt den einzigen Baum, durchlaufende Rohre rauschen im Atelier. Angiolieri ist da, ich habe ihn nicht gerufen (einmal gerufen gilt für viele Nächte). Er saß, als ich kam, in der Küche und trank Wein, begrüßte mich laut und wortreich und wies auf den leeren Stuhl.

Setzt euch, mein guter Buffone, auf den eigenen Stuhl. Was willst du essen, was möchtest du trinken. Du hast dich gut versteckt in den Wohnvierteln Babylons, aber nicht gut genug, du wirst entdeckt, mein lieber Giuntatore, du wirst gefunden, ich spüre dich auf in den Kinnbacken jeder Vorstadt, in jedem Farolito, in jedem Schlund, im Loch aus Schlamm, Schwamm, Schimmel und Koprolalien, im Land Zarefat, in Samaéls Folterhaus, und in der Hundehütte, die Charon für kleine Gäste ans Wasser stellt. Du sollst dein Leben verscharren wie die Katze ihren Dreck, sagt Jubal der Tagdieb. Dasein, Leben und Biografie, das sind verschiedene Sachen für dich und mich, das wird auf verschiedene Weise balanciert. In der Handhabung liegt das ganze Glück. Du und dein Leben, davon reden wir nicht. Du und dein Dasein, das jedermensch feststellen kann, untersuchen, ausleuchten, numerieren, was noch? Verfolgen, schmälern, verneinen, abkürzen, ausrotten, verkrüppeln, einlochen, abschneiden, umstoßen und manipulieren – du und dein Dasein, das die Überzeugungskraft deiner Paßnummer so mitleiderregend und jammervoll unterbietet, das unter dem Wert deiner Autopapiere verblaßt. Du und dein Dasein, mein gegenwärtiger Freund, du und die Tatsache deiner Biografie. Was hat Biografie für einen Sinn, wenn du sie nicht zur Zweckfälschung machst, eine dunkle Caprice, ein zweifelhafter Kalender, ein Irrlicht aus Anscheinlichkeit und echten Lügen, Widersprüchen, Dementis und Gaucherien – so kommst du durch, nur so kommst du durch. Wenn du einmal für immer erkannt hast, daß deine Persönlichkeit – und die der andern – nur eine lächerliche und possenhafte, meist ungenügende Maskerade von etwas hoffnungslos Unbekanntem ist, dann erreichst du eine Lage von Heiterkeit, die Wahrheit oder dergleichen annulliert. Habt Ihr nicht etwas falsch gemacht, da unten in Eurer Epoche, mit Euch selbst, mit Euch und Eurem Abbild für Euch und alle, ist das nicht von Grund auf trüb und faul. Aufrecht, richtig und wichtig – so stellt Ihr Euch hin, mein großer Patapouf, so stellt Ihr Euch vor Euch selbst und dem Spiegel dar, vor Eurer Adresse und vor Eurem Namen, vor Eurer Öffentlichkeit und vor Eurer Mitwelt. Dazu sind alle Methoden und Mittel gut – vertuschen, verwischen, negieren und retouchieren, leugnen, übertünchen und übertönen, und *nett sein ist alles, der Rest ödet an.* Aufrechte Charaktere, Gesunde Seelen – alles Anmaßung, Dummheit und Fatalität. Das Spiel ist ein alter Hut, er wird weitergetragen. Masken her, Schmiermittel und Toupet, Perücken und Weiße Westen in jedem Format, her mit der durchtrainierten Positur, mit der alt- oder neuangebrachten Versilberung! Der Dreckskerl will sich selber nicht begegnen, er sieht keinen Grund, sich kennenlernen zu lassen. Von außen nach innen und wieder zurück von Kopf bis Fuß das Bild eines Zeitgenossen, der gestandene Mensch, der Charakter, ein Vorbild der Zeit. Und etwas später, mein lieber Buffone – es braucht nur eine Kleinigkeit Tod und Verderben, und die ganze große Falschfigur ist hin. Die Wahrheit wird nachgeliefert, Wort für Wort, gleichsam aus der Vergeltung, und ohne Pardon. Ihr habt das Menschenbild falsch in den Raum gestellt. Das nackte Menschsein rächt sich für den vielen Kleister. Es hilft kein Nachlässe fälschen, Brautbriefe verbrennen, Tagebücher und Schriften verschwinden lassen – zwecklos, obszöne Gedichte zu unterschlagen, das Verbot gerechter Nachrede ist umsonst. Umsonst, umsonst, die Retouche hört nie mehr auf. Da ist die Vorsätzlichkeit von Schein und Erscheinung, die Illusionierung der eigenen Existenz, die farbenfrohe Verfälschung plötzlich weg. Da seid Ihr eine Schablone in Potemkins Dorf. Etwas wie Reinheit wird nicht nachgeholt. Ein Riese verließ den Raum, und ein Zwerg trat ein. Mitwelt und Nachwelt stehn betroffen da, schadenfroh oder begossen, wie es sich trifft. Wer hätte gedacht, und wer konnte wissen, daß dieser Damenapostel ein Hurenbock war, ein Lazzarone, ein Blackmailer, ein Faschist!

Angiolieri hat nicht genug davon, er blickt sich händelsüchtig nach mir um. Er gestikuliert, das Glas in der Hand, Mund, Kinn und Finger sind naß von Wein. Mein Komplice ist nicht betrunken, er randaliert, um so hitziger als er recht hat und einen Zeugen, der keinen Anlaß hat, ihm zu widersprechen. Was ihn betrifft und das eigene Meisterleben, und was da an Sein und Scheinen vor sich ging – er hat das alles, scheint es, besser gemacht. Hat er je geleugnet, ein *Spina* zu sein? Nein – er hat seinen Stachelcharakter noch betont. Hat er sich je als Lorbeerhaupt dargestellt, als Archetyp, als Vorreiter, als

Genie? Nein – er hat gelacht, wenn Dante sowas von ihm wissen wollte (jener Komplice, sagt Angiolieri, der mir von Becchina abraten wollte, und in meinen Sonetten – Gott tröste ihn! – die Elegien einer Hotelratte sah). Angiolieris Canzoniere, sein großer Gesang, enthält keinen Flötenton von Begütigung. Er hat sich als Haderlumpen präsentiert, er hat zuerst den Zwerg, dann den Riesen gezeigt. Ein Zwerg verließ den Raum, der Raum blieb leer, dann kam gebückt der Riese durch die Tür. Und Becchina, die Gestalt der Gedichte – er hat weder sie noch sich selbst geschont:

> Becchina, Geliebte! – Was willst du, falscher Verräter. – Daß du mir verzeihst. – Du bist es nicht wert. – Gib Gnade, im Namen Gottes! – Du kommst sehr unterwürfig zu mir. – So werde ich immer zu dir kommen. – Was gibst du mir zum Pfand? – Mein Ehrenwort. – Davon besitzt du wenig. Willst du denn, daß ich sterbe? – Gewiß, ich kann es nicht erwarten! Undsoweiter.[17]

O meine guten Komplicen, ruft Angiolieri – Cavalcanti und seine Mandella, Dante und Beatrice, Petrarca und Laura –, hätten sie nur einmal, einmal nur, mit ihren verhimmelten frischen Fleischlein geschlafen – es hätte danach keinen lyrischen Laut gegeben, weder Sonettenkränze noch Canzonen, und keine Verklärungsabsicht in höchster Manier. Ich habe eine Frau geliebt, was sonst. Ich habe eine lebendige Frau geliebt. Die Tochter eines Lederhändlers, na und – la Bella Bona Roba, kein Engel

17 Cecco Angiolieri, *Rime*, Biblioteca Universale Rizzoli, Milano 1979 (Übersetzung Christoph Meckel)

in Seide. Ein glattes, rundes, schlaues Frauenzimmer, ein Popotscherl, ein Luder, und was ihr wollt – und ein Krallenäffchen, was die Finanzen betraf, eine Nutte, wenn kein Geld zu zaubern war. Ich habe geliebt, mein Freund, und nicht verklärt. Du erinnerst dich, was Giotto zu Dante sagte: Du bist Dichter, sagte der Maler. Du mußt träumen. Zuviel von Kuß und Umarmung ist nicht gut für dich. Daß deine Geliebte fern ist, beflügelt die Verse und erhöht den Rausch deiner Phantasie. Im Spirituellen gewiß und ohne Bett, das macht dich vertrauenswürdig, mein sanfter Held. Aber ich – will die Frau in diesem Raum, ihre Haut ist da, und das Bett ist da – ich möchte sie anschaun, entkleiden, berühren und lieben, und das ungezählte Male mehr. Eine Frau in den Träumen und Idealen ist für mich kein lebendiges Ding des Lebens.

Ich habe, sagt Angiolieri, meinen Vers gemacht – aus Schwäche, Lärm und Entblößtheit der Existenz, aus ungewaschenem Rohstoff, aus Zorn und Hunger, ich habe nichts Irdisches ausgelassen, und keinen Traum! Und konnte, sagt er, plötzlich zögernd, dahinter etwas stiller als lautstark sein? Vielleicht etwas menschenmöglicher als skandalös? Vielleicht, im Verborgenen, etwas weniger falsch?

Und ich bin froh, daß Angiolieri wieder lacht.

Die Weltgeschichten enden als Operette am Broadway, und die Leben der Dichter als Comics in Billigausgaben, für unsere Zeit präpariert von *Art & Future Coop.* François Villon, die Touraine durchstreifend, ein lonesome hitchhiker, irrtümlich mit Guitarre, als Pferdedieb in Kasematten lümmelnd, und Bittschriften rezitierend vor Happy-Sunset. Der dickliche kleine Horaz als Ökofreak, von Kaiser Augustus unterstützt, auf seinem

Landgut Düngemittel mischend, in Arbeitspausen lyrische Texte äußernd (aus Vergil entnommen und falsch zitiert): Weidet wie immer eure Kühe, boys, und sorgt dafür, daß genügend Rinder in den Koppeln stehn!

Und Angiolieri, wie könnte es anders sein, im Comic mit dem Titel: *Der Kuß der Becchina*. Die Geliebte und er, durch üppige Betten wälzend, ein Cavaliere, an Schenkentische geflezt, fingerhakelnd mit Dante, Pokale zerdeppernd, von textüberfüllten Sprechblasen schier erdrückt – die an Formeln von Schimpf und Schande alles enthalten, was menschliche Affensprache rausdrücken kann: Totenschädel, Blitze und Ausrufehaken, konsonante Krachlederlaute, vokales Miauen – das Alphabet in pathetischster Deformation. Der erschöpfte Dichter stürzt in eine Trotte, die linke Hand fällt zu Boden, sie hält ein Papier. Der Leser entziffert – und merkt keinen Unterschied – das letzte Wort des gelähmten Baudelaire.

So wird es sein.

Tagdiebe waren wir, Tagdiebe sind wir, Tagdiebe bleiben wir allezeit! Als Gott die Zeit im Raum aussetzte, hat er nichts von Eile gesagt. Sie totzuschlagen hat er nicht empfohlen. Die Tagdiebe haben das richtig aufgefaßt. Sie haben, scheint es, Zeit, sie atmen sie ein und aus. Sie stehlen die Tage, die Sonne und das Licht, sie stehlen was existiert und was sie sich wünschen, sie balancieren die Wörter und die Sachen, und bereiten ihre Sätze im Tagtraum vor. Wielange? Lange – länger – am längsten, wie Peter Huchel, der keine Veranlassung sah, zu notieren, was an Versen in seinem Kopf zusammenkam. *I never daydreamed*, sagte Hemingway, und wie sich das anhört, war er stolz darauf. Ein Tagdieb, sagt Angiolieri, war der nicht. Er mußte raus zur Entenjagd am frühen

Morgen, in venezianischen Lagunen schießen, zwei Kähne voll von Enten, dann ins Whisky-Bad. Wir behalten uns, sagt Angiolieri, die Meriten der Tagdiebe vor, und ein schönes Wort.

Tagdieb bin ich, Nachtdieb war ich, sagt Angiolieri. Ich – der sienesische Vittelone, du ahnst meine Chancen. Ich, desertiert in Campaldino, als die Toten viele wurden und immer mehr, und Dante, mein Freund, kein berufener Held – er hätte lieber Fische im Teich gestochen. Kurz: ich hatte Pferd und Waffen versetzt, war dann zu Fuß im Hinterland unterwegs, verwachsene Pfade, beißwütige Hunde und Staub in der Luft, Landschaft voller Banditen und Pferdediebe, Plünderer, Deserteure wie ich, und Polizianten. Ich schlich mich weit um jeden Feuerschein herum, um jede kleine Fahne – Wappen oder Staub – und um jedes Geräusch, das nicht wie Frauen klang. Ein guter Wegewanderer war ich nie. Nach ein paar Tagen war kein Brot mehr da. Der Wassersack wurde an Brunnen gefüllt, und er wurde mit Wein gefüllt, wenn es mir gelang – durch Hintertüren – in Gesindestuben. Ich schwarz von Staub und Sonne, ziemlich schlecht ernährt, den wahren Adel nahm mir niemand ab. Wer zum Adel gehört, muß ihm ähnlich sehn, ich sah nach Gaukelei und Gelichter aus, zuerst war der Dreck, dann der Bart, dann der Hunger da. Das war an warmen Tagen, das Gras lag am Boden, das Unkraut wuchs weiter, es wächst immer weiter, und wischte morgens, naß von Tau, um meine Beine. Ich hatte Hunger. Im leeren Hügelland, am frühen Morgen, schnappte ich ein Huhn von der Stange, und drehte ihm gleich den Hals um, denn ich hatte gehört, daß man Suppenhühnern den Hals umdreht. Ich machte das Huhn am Gürtel fest, der Schnabel pickte in mein Knie, und ich sagte mir: wird der Hunger unerträglich, rupfe ich mein Hühnchen, kratze es aus – Gott steh mir bei! – und brate es auf kleinem Feuer braun und weich. Mir wird noch einfallen, wie man das macht. Am zweiten Tag fing es an, zu stinken, ich trug es weiter am Gürtel mit mir – du verstehst: ich hatte immer an Tischen gegessen, Zubereitetes auf sauberen Tellern, vielleicht im Bordell, vielleicht improvisiert, aber es waren Teller und Krüge da. Ich hatte nie eine Makrele gekocht, kein Ei aufgeschlagen, kein Mehl in der Pfanne verrührt. Am dritten Tag war das Huhn verfault. Ich zog es aus dem Gürtel und warf es weg.

Ich sage: Du hast die Geschichte erzählt, und ich mache den Vers. In Komplicenschaft? Weil ich selbst ein Nachtdieb war? Ein roadrunner war und bin und von Hunger weiß? Aus Gründen des Handwerks, der Neugier und des Vergnügens? Als Schlupfwespentechniker oder Bravourant? Als Metaphysiker mit verbranntem Mund? Als Realist mit Brille ohne Glas? Ich mache deinen Vers, und du steckst ihn ein:

Ich, Angiolieri, Held von Gotterbarm,
auf Scherenschleiferpfaden unsichtbar
im grünen Casentino, tief im Jahr –
der Hunger fraß den Magen und den Darm.

Was hat die Seele in der Welt zu tun
gepreßt in diesen Leib, der Heil entbehrt.
Mein Knochen ist es, der zur Hölle fährt.
Wer aber Hunger hat, der klaut ein Huhn.

Ich trug das halsverdrehte Federviech
wie Wassersack, der leer zusammenschnurrt,
dann aufgebläht von Sonne, frei am Gurt.

Der Hunger lachte: Lauf, mein Freund, und riech
was du zu speisen nicht imstande bist:
die eilige Verfaulung, Wurm und Mist!

Ich, Scham und Undank, fluchte *Huhn*! und *Ei*!
strich nachts an vollen Schenken leer vorbei
und warf das unverbrauchte Sakrileg
in einen offenen Schweinestall am Weg.

Vierte Vorlesung

Vierte Nacht

An den Ausläufern jenes Weltreichs, es heißt Poesie, stellt man sonderbare Umtriebe fest. Etwas Unbestimmtes ist dort im Gang, betriebsam, unermüdlich, zu jeder Zeit, Textentwicklung in Ausmaßen ohne Vergleich, Personen, Gedichte und Bücher unterwegs, völkerwandernd, in wechselnder Wortlautstärke, Ansichtssachen und Meinungen jeder Couleur, Sätze auf Versfüßen hinkend ohne Gewähr, Weltgedichte in Heerscharen auf Gutglück, nachdrücklich drängend ins Zentrum jenes Reichs. Das ist die Massenbewegung des Dilettantismus.

Es ist vor allen Worten das Wort *Poesie*. Gibt es kein anderes? Es hat sich kein besseres gefunden. Es besitzt eine Aura – sie verliert sich nicht – des Betulichen und der Unsachlichkeit, der Verhäuslichung von Sprache und des Hohen Tons, des Tröstlichen, Müßigen und der Privatidiotie. Jedem guten Gedicht fällt die Aufgabe zu, die Aura des Wortes außer Kraft zu setzen. Das Gedicht ist Kunst oder es ist nichts. Es ist ein Gegenstand der Kunst, sonst nichts. Das Unerbittliche dieser Gesetzmäßigkeit – die keine Erfindung von Auguren ist, sondern aus dem Wesen gestalteter Sprache kommt – ist an den Rändern der Poesie eine Sage, sie findet dort keinen Glauben und kein Gehör. Aus dem Unglauben kommt die Überzeugung, die illusionengeschmückte des Amateurs, daß der gute Wille von außen nach innen dringt. Zur Poesie, wo

Kunst ihr das Feld überläßt, gehören Erscheinung und Machart des Amateurs.

Daß er in seiner Absicht, Kunst zu sein, entsetzlich auf Sprache, Wörter und Tonarten drückt, daß sich seine Erscheinung als Karikatur, sein Gemachtes als Kunstgewerbe bemerkbar macht, dies alles unermüdlich und en masse, durch nichts zu entmutigen und viel gedruckt, verdunkelt nicht die immer neue Entdeckung, daß Dilettantismus, im Irrtum über sich selbst, so töricht wie reizvoll und sehr komisch ist. Er entwaffnet vorübergehend die großen Gesetze und entzückt eine weltweite Liebhaberschaft. Er feiert sich selbst in *Plumploris gemixten Schriften*:

Ein Haus
hatte Fenster.
Wenige Lichte blitzelten darin.
Es war ein Haus
mit gestopften Ritzen.

Dort waren die Flöhe
unterquartiert.
Sie brauchten extra kein Licht
um zu hopsen.
Der Zirkusdirektor war auch im Haus
und übte mit ihnen
seine Kunst.

Ja, die Geschichte
ist bald erzählt.
Der Wegweiser wird noch hingestellt.
Eintritt kostet keine Frage
bis daß die Flöhe
Künstler sind.

Ich liebe Pappnasenschönheit im Gesicht der Kunst. Du verbeugst dich vor solchem Ballhorn! ruft Angiolieri, und seine böse Belustigung hat recht: mir gefallen die Randphänomene der Poesie, die Knalleffekte im Küchenlabor der Künste, die Puffreispoetiken in der Wundertüte, der Charme grammatikalischer Wackelkontakte, Bouvard und Pécuchet in Disneyland. Sie sind ihre kleine, seltsame Ewigkeit wert, Poesiealbumverse und Postkartengrüße aus Shin, und Gurkenrezepte in Form eines Distichons, Konfetti und Spielwarenzauber der Luftgeschäfte, und die Komik des Mißlungenen in der Kunst. Zwei Schritte zurück, ruft Jubal der Tagdieb, und vier daneben, dort steht das Fettnäpfchen, tritt hinein!

Josef Stalin sprach von Hirse
Zu Mitschurins Schülern, sprach von Dung und
Dürrewind.
Und des Sowjetvolks großer Ernteleiter
Nannt die Hirse ein verwildert Kind.

Nicht die Hirse war die Angeklagte
Als die launische Steppentochter ward verhört.
In Lyssenkos Treibhaus, fern von Moskau, sagte
Aus sie, was ihr hilft und was sie stört.

Aus fuhr das Geschlecht der Agronomen
in die süd- und östliche Erzeugungsschlacht
Hirsepflanzern zu berichten von der Hirse
Wie man ihr das Blühn und Reifen leichter macht.[18]

Es ist nämlich, schreibt der Herr Mathias Seilnacht, eine

18 *Die Gedichte von Bertolt Brecht in einem Band,* Frankfurt a. M. 1981

gute Auszeichnung des Charakters, wer diese schiefgeratenen *Puffnells* schätzt. Wer sie aber nicht schätzt, um den mache einen Bogen, er ist des Echten und Wahren auch nicht wert. Unser Übermut überlebt in ihnen (damit sind nochmal diese *Puffnells* gemeint), wenn auch wunderlich, so doch aus Pausbacken der Seele und des Geistes blasend. Da möchte man wissen, wer der Herr Seilnacht war, und erfährt nichts über ihn, wie geht das zu!

Amateurischer Freigeist kann verheerend sein, er schlägt den professionellen in die Flucht, und er kann als liebenswerter Umstand erscheinen (fern von creative writing und Sprachtherapie), Gallimathias mit Predigerstimme, hochgestimmter Wortfabriziant in der Sprache, die seinem gutgemeinten Knuffen und Puffen, seiner rücksichtslos drängenden Liebe nicht standhalten kann. Da wird Poesie zum Keks in Buntpapier, das heißt: zum Inhalt, veredelt von Schnörkelei. Das schleicht sich in die bedeutenden Werke ein, es entstellt sie durch falsche und unfreiwillige Tonart. Sie ist die verwundbare Stelle des Homo faber, die force majeure im dilettantischen Satz, und kann in der Schule der Empfindsamkeit zu circensischem Nonsens gedeihen, wenn es heißt:

> Selig preis ich dich (dann), flötende Nachtigall
> Weil dein Weibchen mit dir wohnet in einem Nest,
> Ihrem singenden Gatten
> Tausend trauliche Küsse gibt.[19]

19 *Lyrik des 18. Jahrhunderts. Texte deutscher Literatur* 1500-1800, Reinbek bei Hamburg, 1968

Hier will ich bleiben. An dieser erheiternden Stelle erhole ich mich von den Sünden meines Metiers. An dieser Stelle fiel mir ein Buch in die Hand (es erschien nach dem Zweiten Weltkrieg in Berlin):

> Hunderte von Kirchenglocken dröhnen über die Straßen, ihr Ruf geht bis weit außerhalb der großen Stadt, fliegt über die nach langem, strengem Winter grünenden Felder und über die Birkenwälder an den eisbefreiten Flüssen. In Kirchen, Klöstern und Kapellen wallt der Weihrauch. Die herrlichen Chöre singen Lobpsalmen, Geistliche in goldschimmernden Gewändern zelebrieren die Messe und das fromme Volk liegt demütig auf den Knien und schlägt Kreuzeszeichen über sich.
> An diesem Tage wird ein Knabe geboren, dem es das Schicksal bestimmt hat, seinem Volke ein großer Dichter zu werden.
> Es ist Himmelfahrtstag, der 26. Mai 1799.
> Es ist Moskau, das Heilige Moskau, dessen Glocken den Feiertag rühmen.
> Es ist Alexander Puschkin, dessen Augen sich dem Licht dieses Maitages öffnen.
> Hier beginnt ein Leben, das an irdischen Jahren nicht lange währen wird, dessen Auswirkung aber unsterblich und ungeheuer bedeutungsvoll für die kulturelle Entwicklung des russischen Volkes sein wird; ein Leben, verbracht im Schatten der Despotie und dennoch voll ungebrochener geistiger Freiheit; es beginnt der Kampf des Genies gegen den ihn umgebenden Kreis der Verständnislosen: es beginnt Alexander Puschkins Leben.
> Die junge Mutter ist enttäuscht, als man ihr den Kna-

> ben zeigt: »Wie ist er schwarz und häßlich!« ruft sie. »Nimm du ihn, Amme, ich mag ihn nicht sehn!« Und so legt Arina Rodionowna, die Leibeigene, Rußlands größten Sohn an ihre Brust und trägt ihn ins Kinderzimmer.
>
> Ja, der Knabe ist schwarz und krauslockig wie ein kleiner Neger, nicht als sei er in Moskau, in der altadeligen vornehmen Familie der Puschkins zur Welt gekommen, sondern in Afrika. Wer die Familienverhältnisse der Puschkins kennt, den kann dies nicht wundern. Ist doch die junge Mutter, Nadeschda Ossipowna, eine geborene Hannibal, die Urenkelin des berühmten Negergenerals, den Zar Peter als Sklaven gekauft hatte, den er hatte erziehen und ausbilden lassen, ja, dem er bei der Taufe seinen eigenen Vornamen Peter als »Vatersnamen« schenkte, als er ihn Ibrahim Petrowitsch Hannibal nannte.[20]

Dies ist nicht der goldene Ring in der Nase des Schweins. Diese anmutige und entwaffnende Prose ist die würdige Vorläuferin der Groschenhefte. Und sie ist, vom geschwollenen Wohllaut abgesehn – der aus der Ergriffenheit des Verfassers kommt –, ein wirklicher Bericht über Puschkins Geburt. Man hat nun erfahren, daß er geboren ist, nimmt das Ereignis als bedeutend an, und setzt, auf freudige Weise eingestimmt, die offenbar inhaltsreiche Lektüre fort. Ich habe dieses Buch mit Entzücken gelesen. Es vermittelte etwas von Puschkin, das ich brauchte, um eine *Nachricht für Baratynski* zu schreiben. Es vermittelte mir, was ich brauchte, auf eine Weise, die Literatur und Wissenschaft nicht vermag. In den Engagements

20 Josi von Koskull, *Der junge Puschkin*, Berlin 1948

von Traktat und Erbauungsschrift, in Haß oder Liebe des Autors zu seinen Motiven, und in der vermeintlich kunstvollen Darstellungsweise, liegt eine Eindringlichkeit, die mich verblüfft, ein Fabulieren, das ich verkraften kann, sofern mich, wie Jubal den Tagdieb, der Hafer sticht.

Mich sticht dieser Hafer nicht, sagt Angiolieri. Nein, dieser Hafer sticht mich nicht! Meinem Freund fehlt nicht Witz, sondern Leichtfertigkeit, Toleranz oder Laune für solche Unwertsachen. Er verachtet mich und die ganze Puffreissorte, und sein Gesicht zeigt Abscheu wie das Gesicht der Katze, wenn sie im Notfall eine Gurke frißt.

Ich bin im Hotel Molière, in der rue Malbranche, kann sein in der Stadt Jaljil, gewiß in Paris. Der Herbst hat sich eingeschlichen mit trüben Farben, er kommt und geht in grauer Verflüchtigung, die Fensterfläche verschwimmt in Grisaille, aus hohen Traufen stürzt Wasser auf Trottoire, die in der Tiefe leer und glänzend sind. Ein Zimmer voll nasser Kleider und Zeitungspapier, das zerlesen auf Bett und Stühlen liegt. Paris ist meine Hotelstadt wie keine andere, ich habe hier in unzähligen Löchern gewohnt, gelebt, übernachtet oder ausgehalten, hier fing ich, fast noch ein Kind, die Gedichte an (Gegenstände, aus Wort und Weise gemacht, das Verseaufschreiben hatte ich schnell verlernt). Ich sah Angiolieri nachts auf der leeren Place Monge, er lief im Regen an dreckigen Mauern entlang, mit nasser Hand an Stein und Türen tastend, triefende Haare, eingezogener Kopf. Bettlerlicht vereinzelter Laternen, Schimmer von Milchglaskugeln ohne Glanz, mein Freund erkannte mich nicht und ging vorüber, er ging am *Hotel für Schlafwandler* vorbei. Ich folgte der Erscheinung – so lautet ein Satz, der in die Unterwelt nächtlicher Städte führt. Angiolieri führte mich nirgendhin. Er lief, ohne aufzublicken, durch stinkende Nässe, Irrläufer ohne Gewißheit von Ort und Zeit, und verschwand vor meinen Augen in einer Passage, trokkene Steinplattenböden ohne Spur. Ich glaubte, seinen Schatten nochmal zu sehn, in der Glastür eines libanesischen Clubs, ging aber weiter, weil ich wußte: er erwartete mich im Hotel Molière. Auf dem Weg dorthin fiel mich ein Schatten an. Er sprang aus der Schwärze eines Treppenflurs, rempelte meine Schulter und stand gekrümmt, ein gnomischer Kleiderknoten in spärlichem Licht, er schrie und bettelte vor mir herum. Im Gelächter danach erkannte ich Angiolier. Ihr habt Euch erschrokken? Das tut mir nicht leid. Bemerkt mein ungewohntes Feingefühl: ich bin Euch keineswegs in den Nacken gehüpft, wie Aschmodais Affe mit dem giftigen Biß! Begleitest du mich, mein lieber Gaspard, oder nimmst du mich mit? Die Freundschaft der Poeten ist ungefährlich – ich kann dich begleiten und du nimmst mich mit.

Angiolieri erscheint als der immer Gleiche, er ist in jedem meiner Räume zu Haus. Er sitzt an die Wand gelehnt auf dem Boden des Zimmers, in der Hand ein Zahnputzglas voll Wein. Die Freundschaft der Poeten ist ungefährlich – das ist ein Satz von ihm, den er nicht bestätigt, vielleicht durch Gelächter in Frage stellt. Alighieri, Dante – Angiolieri, Cecco: zwei Selbstgerechtigkeiten vis-à-vis. Dante, Verfasser eines Weltgedichts, und Cecco, Verfasser eines Ichgedichts – da teilt man Brot und Wein und knurrt sich an. Dante, Hauptgestalt der Divina Comedia, und Cecco, Hauptgestalt eines Canzoniere (dessen Titel, Form oder Ordnung verloren ging). *Wär ich der Cecco – hm, der bin ich eben.* Angiolieri tritt im Gedicht als *Cecco* auf. Ich, Cecco! Du, Cecco! Er, Cecco! Die Kunstfigur geht aus der Person hervor, ihr Dasein verschwindet in Dasein und Wortlaut der Verse, der eine Stinkstiefel taucht im anderen auf. Der Name wird nochmal auf das Ich geprägt, er besiegelt die Vernichtung persönlichen Rohstoffs.

Das ist der ungeheure Sprung des Artisten, den kein Zeitlupentempo nachvollziehbar macht, aus Selbststilisierung zu Ichgestaltung und weiter – Verwandlung des Menschen in eine Sprachgestalt. Der gereinigte Dante, der ungereinigte Cecco. Der erhabene Dante, der ordinäre Cecco – das sind entgegengesetzte Eigenfiguren, mit empfindlichen Reibeflächen und rüdem Ton. Der eine, Dante, untergetaucht in Verona. Der andere, Cecco, aufgetaucht in Rom. Beide an fremden Tischen essend, in Abhängigkeit oder Schutz von Herrschaft lebend, Dante sendet ein Lästergedicht an Cecco, und Ceccos Antwort läßt nicht auf sich warten:

Dante, Alighier, ich bin vielleicht ein Clown,
doch schnappst du mir, kann sein, die Komik weg:
ich speise Frühstück, du kannst Nachtmahl kauen,
und wenn ich Fett verschlinge, frißt du Speck.

Ich reiße Fell ab, du kämmst Wolle raus.
Wir lästern beide, schräge Avantgarde.
Ich spiele Adel, und du Unterhaus;
ich geh als Römer durch, du als Lombarde.

Darum sei Gott gelobt, denn anzukreiden
den anderen hat keiner Grund von beiden,
aus Unstern kommend oder eigenen Schwächen.

Und willst du weiter wissen, wer wir sind,
Dante Alighier, wirst du zusammenbrechen,
weil ich der Stachel bin und du das Rind.[21]

Vergiß die Affaire, sagt Angiolieri, außer der Wortgewalt ist nicht viel dran. Die Feindschaft der Hasardeure ist ungefährlich. Kann sein, ihre Freundschaft ist eine Geschichte wert:

Ich schlug mich durch nach Rom, aus Siena flüchtend, hakenschlagend in der Provinz Viterbo, die Justiz war hinter mir her, der Grund ist egal. Die Hitze war weiß und schwer, der Staub auf den Wegen nahm zu, mein Pferd war schwach – ich hatte noch ein Pferd! – aber kein Futter mehr und kein Brot für mich. Die Obstgärten standen leer, Gras, Beeren und Pilze ausgedorrt. In der Tasche ein Rest von Hungergeld, aber kein Ausweis und kein Gedicht. In dieser Verfassung kroch ich in einen Weiler, die Sonne stand im Zeichen des Löwen, verstreute Häuser, zugehängte Fenster, ein angeseilter Esel, den Kopf von Weinlaub beschattet, dann eine Schenke mit angelehnter Tür, vielleicht eine Schenke. Der Raum war kühl, leer, dunkel und frei von Fliegen, ich holte Wasser für das Pferd, es stand im Schatten der Hauswand, und rief nach Most. Wer seid Ihr, Messer? Die Frage kam aus dem Mund eines Mädchens, fast ein Kind, das mit Neugier an meiner Erscheinung hing (wie üblich auf solchen Reisen sah ich nicht nach Herrschaft aus, ein accatone, der in die Fäuste pfeift). Und weil es mich juckte, das Kind zu verschüchtern, vor diesen hübschen Augen als ich selber dazustehn, erwiderte ich, mit Pose, ganz ungewöhnlich: Cecco Angiolieri, der Dichter, das bin ich!

21 Cecco Angiolieri, *Rime*, Biblioteca Universale Rizzoli, Milano 1979 (Übersetzung Christoph Meckel)

O, einen Dichter haben wir selbst, wollt Ihr ihn sehn?

Da hatte ich wieder mal auf Stroh geschlagen – aber einen Dichter, den man hier hatte – warum nicht. Ich will Euch warnen, flüsterte das Kind, der Dichter ist schlecht anzusehn. Sie führte mich durch das Haus auf eine offene Terrasse, die ohne Laub und Segel in der Sonne lag – ein Hocker, zwei Säcke Zwiebeln, ein ausgetrockneter Krug – und ausgestreckt auf einem Sack ein Mann, der stärksten ironischsten Sonne ausgesetzt, die Augen von Fieber glasig, ein weggesunkener Mensch, der unter Fliegenschwärmen nichts mehr tat. Ich nannte meinen Namen und bat um den seinen, und hielt mein Ohr der schwachen Stimme hin. Es war Manuello Giudeo, du kennst ihn unter dem Namen Immanuel von Rom, und bevor wir redeten oder zu reden versuchten, zog ich ihn auf dem Sack vier Schritte weit unter ein Dach. Wir freuten uns, er freute sich, so lebhaft wie das Fieber zuließ, denn wir kannten unsere Namen und ein paar Verse. Wir freuten uns, aber wovon redeten wir! Manuello Giudeo war auf der Flucht aus Rom, dort in Finanzverluste sehr schlecht verwickelt, und ich in kriminelle Verdächtigung – du kannst dir denken, wovon wir sprachen, du siehst dem Gewackel vergleichbarer Schlitzohren zu, und hörst kein Wort von Poesie. Im Ernst, mein Freund, was hast du ausgefressen? Die Antwort auf diese Frage war zweimal: nichts! Manuello Giudeo, Dante oder ich – man traf die besten Köpfe auf der Flucht, aus den weltlichen in die kirchlichen Hoheitsgebiete, dann wieder umgekehrt, so immer weiter. Du gebrauchst deinen Kopf und deine Stimme, und was passiert? Du wirst nicht mehr bejaht, du wirst verneint. Die Verneinung des Kopfes schließt Haut und Knochen ein. Und weil du der Sprache mächtig bist, wirst du als erster bloßgestellt.

Atmen willst du? So, du willst atmen, das ist
verständlich.
Leben willst du, wer möchte schon sterben.
Leben sollst du, aber langsam, langsam.
Du kriegst noch was mit. Wir sind keine Ganoven.

Sie stellten ihn auf die Beine und schraubten
ihn fest –
immer langsam, kleiner Essigschwamm.
Sie warfen ihn in den Mülleimer oder daneben,
sie schmissen ihn öfter mal gegen die Wand.
Nicht, daß wir was gegen dich hätten,
kleiner Essigschwamm.
Sie ließen ihn leben auf die nettere Art.

Sie brachten ihn unter in ihrem Kasten
und er hing auf dem Stuhl, und sah seine Knochen
im Fernsehn.
Sie schnitten ihm oft mal was raus, und sie setzten ihm
oft mal was ein.
Da war ihm die Sonne allmählich egal.

Da sagte er: sterben. Sie sagten: das tust du schon lange.
Sterben, das ist verständlich, wer möchte schon leben.
Eins nach dem andern, kleiner Essigschwamm.
Du kriegst noch was mit. Wir sind keine Ganoven.

Sie zeigten ihm, wer sie waren, aber langsam, langsam.
Sie machten ihn aufmerksam auf die Schönheit der
der Luft, bis er umfiel.
Und schafften ihn auf ein Sofa
damit er sich ausstrecken konnte und sterben wie jeder,
sie standen um ihn herum und rauchten

und drückten nicht mal die Kippen in seinem
Gesicht aus.

Nichts für ungut, kleiner Essigschwamm.

Manuello war auf der Flucht zusammengebrochen, von Schüttelfrost geschwächt, von Erbrechen mager, ein Bauer hatte ihn hergeschafft, mit seinem Esel. Dann lag er auf dem Boden und weiter nichts. Seine italienischen Verse kannten wir, Dante und ich. Daß er ein hebräischer Dichter war, ein Gelehrter, ein Talmudist, das erfährt man später. Daß er von Dante und mir die Sonettform klaute und im Hebräischen etabliert haben soll, ein saccutello, und Klassiker seiner Sprache, das hört man Jahrhunderte später oder nie. Der Schatten war heiß, nicht dunkel, aber frei von Sonne. Manuello bat um eine Kerze. Ich ging zu dem Kind und bat um eine Kerze, es sah mich anderer Auskunft wegen fragend an. Ich bat um Wasser, Wein und Brot, ging mit dem brennenden Licht zurück und klebte es zwischen uns auf den Lehm. Neben uns brannte die Sonne, nichts geschah. Wir saßen im Schatten und sahen die Kerze.

Am nächsten Tag, sehr früh, ritt ich weiter in Richtung Rom, und er, nachdem das Fieber runter war, soll in Perugia richtig angekommen sein, mit seinem Esel. Ich traf ihn nie wieder. Zwei Jahre später in Rom, im Palazzo Petroni, kam nachts – nicht im Verborgenen – ein Bote zu mir, und hinterließ gegen Quittung ein Pergament – Risse, Tuschwasserflecken – und ich las:

Ich habe nichts getan, doch bin ich im Verdacht.
Ich habe kein Geschöpft der Welt beleidigt
– Gott hat mich nicht geschmäht und nicht verteidigt –
und lebe fort, doch vorzugsweise in der Nacht.

Ich tausche Glut und Macht der unbescholtenen Sonnen
für kleines Licht, fast unsichtbar am Docht.
O Licht Sheol! das mein Gehirn verkocht
und hat das reine Wachs zu fressen schon begonnen.

Die Kerze brannte weiter, Angiolier, sie brannte
bevor ich dein Geschick und deinen Fluchtweg kannte
und brennt in Nacht und Sonnen unvermindert fort

für dich und mich, an jedem guten Ort
den wir uns teilen mögen – so wie jenen Floh
den du mir abgenommen hast, dort irgendwo.

Hat Angiolieri mir den Floh vermacht? Es sieht ihm ähnlich. Andere Leute geben Fackeln weiter, Rezepte oder Formeln der Luftgeschäfte, Stichworte, Krankheiten, falsche Fährten, sie vermachen ihren Safe und vernichten den Code. Ein alter Weinbauer schenkte mir seine Uhr, eine Schöne Person vermachte mir ihren Kamm, und ein bestimmter Stechreiz in bestimmten Hotels bleibt im besten Fall mit dem Gedanken an Flöhe, im Reinfall mit der Gewißheit verbunden, den allerpersönlichsten Floh erwischt zu haben. Warum nicht, sagt Angiolieri – seine Schadenfreude lacht wie immer –, du hast einen Floh, ich habe zwei, du bist gestochen, ich bin gestochener – wievieler Flöhe bedarf es, um am gestochensten zu sein? Ja, steigern wir, versteigern wir die Welt, steigern wir uns und unsern Wortschatz, versteigern wir unsern Wortschatz und in ihm uns selbst! Teuer, teurer, am teuersten, das ist richtig. Richtig, richtiger, am richtigsten – nocheinmal richtiger, ist das angebracht? Echt, echter, am echtesten – das hört sich an! Rein, reiner, am reinsten – warum nicht. Wenn etwas reiner als am reinsten sein kann, wenn es reiner als rein in der Sprache gibt! Wenn *echt* und *rein* einen Zusatz brauchen, wenn die Chance, zu steigern, aus der Sprache kommt, die Sprache selbst den Nonsens nahelegt! Logisch, logischer, am logischsten. Und dein Gedicht, mein verdienter Volpone, auch dein Gedicht kann gesteigert werden. Die erste Strophe des Gedichts ist vollkommen, die zweite auch. Die dritte Strophe ist vollkommener, und die vierte ist am vollkommensten. Die fünfte Strophe ist die Vollkommenheit selbst, und die sechste Strophe ist supervollkommen, und die weiteren Strophen sind wahnsinnig vollkommen, irre echt und auffallend positiv gut. Steigern wir, versteigern wir die Welt, steigern wir uns und unsern Wortschatz, versteigern wir unsern Wortschatz und in ihm uns selbst. Steigern wir Substantive – das Wort *Gesicht*? Es gibt Persönlichkeiten der Literatur mit ausgeprägt misanthropischem Selbstgefallen, zum Beispiel Gombrowicz oder Céline, die steigern aus Gewohnheit in dieselbe Richtung. Aus Staub wird Kot, Schleim, Abfall und Aas, Dreck, Exkrement und Scheiße für und für. Die Scheiße kann noch vermehrt und gesteigert werden durch die Genugtuung dessen, der sie behauptet. Und das Wort Gesicht, nachdem es auf den Kopf des Menschen gedrückt wird, sein Wesen verdeckt, entstellt oder offenbart –

Das Gesicht. Und weiter?

Visage.

Gesicht, Visage – und weiter?

Fratze.

Gesicht, Visage, Fratze – was noch?

Schnauze.

Gesicht, Visage, Fratze, Schnauze. Und?

Fresse.

Gesicht. Visage. Fratze. Schnauze. Fresse.

Und der Mund, die Klappe, das Maul, und nochmal die Schnauze, die Fresse.

Den Mund, die Klappe, die Schnauze halten. Die Fresse polieren, dann demolieren, die Fresse einschlagen. Und steigerst du das Wort Gesicht in die andere Richtung, dorthin, wo rein, reiner, am reinsten nicht logischer sind, aber möglicher erscheinen und sichtbarer werden – dann erreichst du in Steigerung ohne Zwischenwort, ungläubig buchstabierend, das Wort *Angesicht*. Und steigerst du weiter in dieselbe Richtung – es gibt dort kein Wort mehr, das du festhalten kannst, das dich festhalten könnte im heller werdenden Raum –, dann stürzt du, vielleicht, ungläubiger noch, in das Wort *Antlitz*, aber da bist du nicht mehr in der Menschlichkeit. Auch deine schönste Geliebte besitzt kein Antlitz. Du hast dich verstiegen in ein Wort, das einzeln und lebensverloren im Nirgend atmet, eine alte, uralte, herrliche Reminiszenz, ein Gegenstand, der nicht gesteigert wird, in den sich Götter, Engel und Menschen teilten, und der vielleicht von einem Gedicht – vielleicht von einem Gedicht beglaubigt wird. Eine andere Chance hat das Wort Antlitz nicht. Mein Freund, mein guter Komplice, steigern wir! Steigern wir die Bombe, sie ist gefährlich, zwei Bomben sind gefährlicher oder drei – vier fünf sechs sieben acht neun zehn – und wieviele davon sind am gefährlichsten? am bedrohlichsten? am tödlichsten überhaupt? Der Gulag ist schrecklich, und was ist oder war Majdanek? Nicht doch etwas weniger schrecklich? Aber ist nicht der Gulag, alles in allem, von gestern bis heute und übermorgen, etwas betroffen machender, umfangreicher, und überhaupt etwas früher als Auschwitz gewesen. Aber ist nicht doch Manches, in Ziel und Methode, immer mehr verständlich aus einer Situation, aus dieser und jener Ideologie, aus Voraussetzungen, die man vergleichen kann, ja vergleichen muß – oder keineswegs vergleichen kann, im Gegenteil, man kann sie nicht vergleichen.

Jubal der Tagdieb, wird mir weiterhelfen.

Aber er sagt nichts. Er legt den Finger an die Nase und sagt: Steigern wir?

Und Angiolieri: Freilich.

Und Jubal: Reich, reicher, am reichsten – wir steigern jiddisch.

Und Angiolieri: Mit Vergnügen. Reich.

Und Jubal: Reich.

Angiolieri: Reicher?

Jubal: Gánew, das heißt Dieb.

Angiolieri: Am reichsten?

Jubal: Oif mir gesogt – und das bedeutet: hoffentlich passiert es mir!

Reich, Gánew, oif mir gesogt. Habt Ihr dazu eine Frage?

O, keine Frage!

Dann steigern wir weiter. Steigern wir umgekehrt, von unten nach oben, aus der Tiefe, wo sie am finstersten ist, und dann hoch hinaus, auf uns selber zu. Steigern wir in der Minusskala, vom Unmöglichen weg zu dem, was wir haben: das Mögliche, die Sprache, und das Möglichste, das Wort.

Unrein, weniger unrein, etwas unsauber, fast sauber, sauber, sauberer, am saubersten, fast rein, rein.

Höllenschwärze, Kohlpechrabenschwärze, Finsternis, Dunkelheit, Dämmerung, Zwielicht, Schimmer, Helligkeit, Licht.

Licht, sagt Angiolieri; und weiter?

Wir könnten uns übersteigern, sagt Jubal der Tagdieb. Könnten wir hinzufügen: *Glanz* – das wäre für uns vielleicht zuviel. Das könnte von einem Gedicht beglaubigt werden. Also *Licht* – und die einfachen Wörter, in denen ich die Lust, zu steigern, vergaß. Ihre Vollkommenheit ist der Ort und die Formel: es ist rein, es ist dunkel, es ist hell, es ist gewiß, es ist ungewiß, es ist da.

Ist es da?
Es ist da.

Was macht es?
Es macht nichts.

Wie heißt es?
Es heißt nicht.

Wie sieht es aus?
Es scheint nicht.

Wo wohnt es?
Es wohnt nirgend.

Wo bleibt es?
Es geht nicht weg.

Wo ist es?
Es ist da.

Es ist in Einzahl, Mehrzahl, Vielzahl da. Es ist nicht in der Steigerung da. Es geht in die Breite, es vermehrt sich im Gleichen, es wird darin viel, dann unzählig, es verschwindet im Gleichen. Es wird Bestandteil einer Quantität.

Das hat Jubal der Tagdieb gesagt.

Und Angiolieri: Wenn ich den Kopf in dein Jahrhundert stecke – da zieh ich die Ohren gleich wieder zurück. Verheerender Rumor von *Noise & News.* Wieviele falsche Fülle an Mitgeteiltem. Wie hältst du das Mitteilen aus, mein schweigsamer Freund, in der Verschleuderung des Sagens und Schreibens, im pausenlosen Veräußern von irgendwas? Wo bleibst du mit deiner Stimme und deinem Atem, mit deinem einmal für immer gemachten Satz? Wie behauptet er sich im Mega-Multiplikator, in der Wort-für-Wort-Entwertung durch Publikation? Wo befindest du dich in der unklaren Hierarchie von geforderter, befohlener oder erzwungener, von professioneller oder selbstbestimmter, von notwendiger oder sinnloser Äußerung? Zu wieviel Mitteilung bist du imstand?

Jubal der Tagdieb hat recht, er sagt: Ich gebe kein Wort meiner Verse in Prosa weg. Ich gehe durch Interviews, durch Befragung und Statement, durch Verhöre, Auskünfte, Aussagen aller Art, Identitätsvorschriften der Bürokratie, durch Diskussionen, Dispute und Telefone, durch Diskurse, Beweise, Podiumsschlachten, Belehrungen, Lehren, Geständnisse – was noch? durch Zwiegespräche, Dementis und Fragebögen, durch Vorlesung, Lesung und Antwortgeben, durch Proklamationen, Verkündungen, Korrespondenzen – gehe ich hindurch und bin derselbe, Gehör und Stimme sind unverändert, und das Gedicht hat keinen Laut verloren. Am Abend hört man den Schrei der Fledermäuse, zwei Rappen springen auf der Wiese, der rote Ahorn rauscht. Was öffentlich ist oder sein soll, geht mich nichts an. Was ich weiß oder wünsche, gehört einem andern Satz. Was ich sage und nicht sage, bleibt mein Teil. Schön sind die

Schwärme der Schwalben im September, sie bereiten große Flüge vor. Zu viele Mitteilung ist nicht schön.

Quantität in der Poesie, was kann das sein, wenn nicht die nur einmal mögliche, notwendige Breite einer Wortwelt.

Ideale Definition, sagt Angiolieri, sie trifft auf mich zu. Ich habe hundert und acht Sonette gemacht, ein Dutzend andere werden mir zugesteckt, daß sie mir schmeicheln kann ich nicht behaupten – aber Quantität ist kein Wort für mich. Ein Poem, eine Prosa, ein Buch ist kurz oder lang, es spielt keine Rolle, wenn es Form, nicht Volumen ist. Unerschöpflichkeit und Erschöpflichkeit, das sind Kriterien, mit denen ich umgehn kann. Unerschöpflichkeit – was gibt es mehr! Alles andere bleibt Quantität, sie verfällt vor deinen Augen als Makulatur. Lope de Vega schrieb achthundert Komödien, vierhundertsiebzig haben sich erhalten. Georges Simenon schrieb Hunderte von Romanen, und Balzac verfaßte, schrieb oder brachte zustande – fünfzigtausend, sechzigtausend Seiten? Friedrich Rückert schrieb so viele Gedichte, daß man sie gern im Nachlaß liegen ließ. Im Voluminösen der Schriften ist nicht leicht zu erkennen, was Langatmigkeit oder langer Atem, athletische Produktion oder Fülle ist. Im begrenzten Umfang läßt sich nicht immer erkennen, was darin Armut oder Dichte ist. Unerschöpflichkeit hat kein äußeres Merkmal. Unerschöpflichkeit der Weltgedichte, die noch einmal Epos und Weltbild sind, erstaunlich im epilogischen Zustand des Erdballs. Noch einmal Welt und Erde, Kosmos und Menschsein, Zeit und Metaphysik in einer Kapsel aus Sprache. *Ich sah die Erde aufgeteilt in weite Räume. Ich sehe weit in offene Räume, wo unbekannte Wesen fremde Tänze spielen.* Es ist der Fundamentschritt der Poesie, hörbar in Gestaltungen von großem Ausmaß, in Cantos von Jorge Guillén und Ezra Pound, Johannes Bobrowski und Saint-John Perse, von Faulkner, Ramuz und Neruda, von Rilke und Auden. Und jene anderen, ohne Umfänglichkeit, Kafavis mit hundertunddreißig gezählten Gedichten, und Juan Rulfo – ein Werk aus wie wenigen Büchern. Avraham Ben Yitzhak, ein hebräischer Dichter, der elf Gedichte veröffentlicht hat, ein Wunder an Unerschöpflichkeit. *Wohl denen, die säen und nicht ernten, denn sie werden weit gehen. Sie legten ihren Schmuck an der Wegkreuzung ab.* Es ist eine Dichtung ohne Repräsentanz, entstanden in Preisgabe und Verweigerung, es ist eine harte Bescheidung – Reinheit, Reinheit. Ein menschenwürdiger Raum, der verborgen sein will, und die wenigen Verse unermeßlich macht.

Wohl denen die säen

Wohl denen die säen und nicht ernten
denn sie werden weit gehen.

Wohl denen die großherzig sind die Herrlichkeit
ihrer Jugend
vermehrt das Licht der Tage und ihr Strahlen
und sie legten ihren Schmuck ab an der Wegkreuzung.

Wohl den Hochmütigen, deren Hochmut die
Grenzen ihrer Seele überschritt
und wurde zu Bescheidenheit des Weiß
nachdem der Regenbogen sich in die Wolke erhob.

Wohl den Wissenden deren Herz aus der Wüste ruft
und auf ihren Lippen blüht die Stille.

Wohl ihnen, denn sie werden aufgenommen ins Herz der Welt
gehüllt in den Mantel des Vergessens
und Opfer wird ihr Gesetz sein, ohne Rede.[22]

Wenn die unerhörten Vorhaben realisiert, die großen Gesänge abgeklungen sind – dann bleiben vielleicht ein paar Sätze zurück. Es erhält sich danach, vielleicht, ein vereinzelter Klang, zuletzt, vielleicht, ein Wortlaut von Günter Eich, ein Viersilbengesang, er scheint übrig geblieben, still und unerschöpflich wie nichts davor:

Keine Flügel.[23]

Das ist das Gedicht. Das ist der Große Gesang. Es ist kein Satz, kein Satzteil, es ist eine Formel, ohne Umgebung von Literatur, von Poesie nicht beglaubigt oder geschützt, von nichts bestätigt oder in Frage gestellt, ohne Aufwand übersetzt in jedes Idiom. Das Materielle der Sprache nimmt ab, es gerinnt. Das Immaterielle nimmt zu, es weitet sich aus. Keine Flügel, in großer und kleiner Schrift, in Anführungszeichen oder als Randnotiz. Ein Schlüsselgedicht, das Sprache aufschließen kann, deren Ton und Gesetz nicht mehr im Wortlaut ist, zweifellos ein Atemzug nach dem Sturz, ein Ton, der die Existenz zum Fertigteil macht, der ihre Unfertigkeit als Akkord intoniert. Das ganze Menschsein und was darin fehlt. Du verwirfst diese Formel, oder wirfst sie weg, du fürchtest, du vergißt, du verabscheust sie; du zerreißt sie als Papier, du vergoldest sie als Sentenz – das macht nichts, die For-

22 Avraham Ben Yitschak, in: *The Penguin Book of Hebrew Verse*, London 1981 (Übersetzung Efrat Gal-Ed und Christoph Meckel)
23 Günter Eich, *Zu den Akten*, Frankfurt a. M. 1964

mel bleibt in dir. Du kannst sie nicht lernen, du verlernst sie nicht. Keine Flügel. Du bist tätowiert.

Ja, die Vergänglichkeit ist eine gute Sache, sagt Angiolieri. Von dem Großen Gesang bleibt ein Bruchstück erhalten, fehlerhafte Abschrift, zerrissene Seiten, ich begrüße den Verfall und bedaure nichts, kein Verschwinden eigener Verse, das ist kein Verlust. Der Baum stößt, um sich zu reinigen, Zentnerlasten von Holz ab. Was ist von dem Großen Gesang geblieben, von den Formen des Canzoniere, mein Lebenslied – ein paar Sonette ohne Reihenfolge. Sind es nicht hundertachtzig gewesen, dreihundert Sonette in Ordnungen ohne Vergleich, die unerhörte Steigerung offenbarten! Papier und Öffentlichkeit sind das Grab deiner Sprache, willkommen, mein Freund, in diesem Untergang, in der Folgenlosigkeit aller Poesie. Ich habe, was ich machte, verschwendet, in Satteltaschen und Schenken vergessen, als Nachtgeschenk in ein Mieder gesteckt, als Schönschrift den Köpfen der Kurie überreicht. Mein Glück war die Unbedenklichkeit, Mißachtung von Ehre, Verantwortung, Ruhm. Meine Chance war das *Neinsein*. Die Archive haben Euch verdorben, die Möglichkeiten des Sammelns und Speicherns, Kopierens und Vermittelns machen Euch blind. Zur Poesie gehört, daß sie wieder verschwindet. Sie beansprucht Freisein von jeder Art der Verwahrung. Aber Gedichte machen kann jener, der weiß, daß er außer dem Dasein nichts zu verlieren hat.

Angiolieri legt sich auf den Boden, bedeckt das Gesicht und atmet aus.

Fünfte Vorlesung

Letzte Nacht

Als die Grenzen sich öffneten, nach dem Zweiten Weltkrieg, und ein Visum für Deutsche wieder zu haben war, trieb ich mich in Europa herum, mit Menschen zusammenstoßend an jeder Ecke, trampenden Weltentdeckern wie ich selbst, Gescheiterten aus der Flucht in die Fremdenlegion, Irrläufern, Gottesnarren und Lieblichen Bergen, die vereinzelter als heute vogelfrei waren, von keiner Massenbewegung integriert. Die Küsten, Straßen und Landschaften waren leer, die Städte noch immer von Krieg, noch nicht von Aufbau zerstört. Zu Fuß mit einem Sack und ohne Geld – so kam ich in einer Nacht vor Palermo an, Südpol der Träume, unüberbietbares Ziel, ein Lieferwagen lud mich im Dunkeln ab, ich schlief auf einem Bootssteg über dem Meer. Am nächsten Morgen trabte ich in die Stadt, durch Elendsquartiere, von Staub und Hitze erdrückt, alteingewohnte Armut – ich kannte die neue aus Deutschland – Sackgassenviertel, wie Mülltonnen überfüllt, Treppen- und Hoflabyrinthe voll Wäsche und Dreck, Sprache-singende Menschen, Geschrei und Musik, und das Unerschöpfliche: Licht des Südens und Meer. Das war der erhoffte Ort und das menschliche Leben, das ich in Deutschland nicht erfuhr. Ich sah und hörte es, ohne zu wissen, wie. Hier wollte ich bleiben, wenn ich älter war.

Ich wurde angesprochen von einem Deutschen, der ausgepowert, krank oder süchtig war, Magerkeit in verbrauchten Kleidern, ein Greis von vierzig Jahren, mit offener Haut, er schien in Palermo zu leben, er lebte hier, das stellte ich später fest, als ich ihn suchte, und im fünften Stock einer Altstadtruine fand, unter Kindern und Tagdieben, arm wie alle, er schien dort ein Loch zu bewohnen, ohne Tür. Die Stimme, die mit mir sprach, mit der ich zu sprechen versuchte, schien von Gereiztheit und Tristesse entstellt, Tempo und Lautstärke wechselnd ohne Grund, Monologe, in überstürztem Geflüster endend, ich habe noch heute den Ton im Ohr – Geschrei des Sturzvogels über dem Schnee. Im Vergegenwärtigen der Leidgestalt – ich kannte in Krieg und Nachkrieg genug, ich kenne mein Leben lang genug – wird mir klar, daß dieser Mensch nicht vergleichbar ist. Er schlug mir vor, mit ihm durch Palermo zu gehn, er schien mir zeigen zu können, was keiner kannte. Als wir uns in Bewegung setzten (mein Sack blieb hinter der Theke einer Bar), sah ich sein steifes Hinken neben mir, blaue Füße in zertretenen Sandalen, mühsames Rudern gegen Widerstände, in Licht und Luft vorhanden wie in ihm selbst. Es war der Anfang gemeinsamer Wanderungen, verlangsamter Wege der Beine und Lungen wegen, er zeigte mir Palermo, das Land und die Küste, wir liefen durch Slums und Gärten, Kloaken und Kirchen, durch Friedhöfe, Katakomben, Paläste und Parks. Kakteenwildnis, Orangengärten und Feigen! Zum erstenmal ging ich durch einen Limonenhain, zum erstenmal aß ich Mandeln und Feigen vom Baum. Ich sah zum erstenmal eine Meerschildkröte, ich sah und hörte zum erstenmal einen Delphin. Er bat mich um Geld, wir teilten, was ich hatte, ich hatte nichts, er steckte die Hälfte ein, er schien davon leben zu können, er wollte leben, für mich kein Zweifel, daß er ein Sterbender war.

Gegen meinen Argwohn gefiel er mir. Nach ein paar Tagen hatte ich ihn gern. Er konnte nicht anders sein, als er war: am Ende, er begründete, erklärte, entschuldigte nichts. Hier lief ein Mensch ohne Leben herum. Er war allein. Er war ohne Freundschaft, Bindung und Hoffnung allein. Nie wieder erschien ein Mensch entblößt wie er. Freundliche Leute ließen ihn bei sich leben. Er verabscheute Deutschland. Daß er dort alles verloren hatte, Menschen, Wohnungen, Bücher, schien nicht der Grund. Auf erschöpfenden heißen Wegen hörte ich zu, wie er selbstvergessen von Dichtung sprach, ohne Hoffnung auf Antwort oder Resonanz, er vermutete in mir keine Poesie. Mein zögerndes Fragen veränderte ihn. Vom Augenblick an, als er sah, daß ich Antwort gab, und daß mir, was er liebte, geläufig war – er hatte Else Lasker-Schüler zitiert –, festigte sich der in ihm flackernde Schmerz. Der ganze Mensch schien aus sich selbst erhellt. Er war im Zitieren von Sprache an seinem Ort. Er wollte wissen, was man in Deutschland las. Er drängte mich, zu erzählen, was ich kaum wußte: Neuerscheinungen, Titel, vergriffene Bücher, er erkundigte sich nach Menschen und ob sie lebten, er bat mich um Zeitschriften, falls mir das möglich sei, seine wahre Bescheidenheit beschämte mich. Kann ich behaupten, daß hier, für wenige Tage, ein menschlicher Faktor gemeinsam war: das Selbstverständliche einer Komplicenschaft. Er brachte mich, als ich wegfuhr, zur Ausfallstraße, und bat mich, bevor er hinkend im Licht verschwand, um bestimmte Partituren von Heinrich Schütz. In Deutschland fand ich seine Adresse nicht mehr. Ich stellte fest: die hatte ich nicht notiert. Er hatte meine Adresse nicht notiert. Und ich stellte fest, enttäuscht und noch mehr befremdet: er hatte seinen Namen nicht genannt.

Später, in einer Pressenotiz, las ich vom Tod eines Schriftstellers in Sizilien, Titel eines Buches, deutsch klingender Name (ich entdeckte das Buch nicht und vergaß den Namen) und konnte glauben, daß er der Tote war.

Ich kenne ein Buch, das nicht zustandekommt. Es enthielte Beschwörung und Bildnis lebendiger Menschen (*über Menschen schreiben* erscheint mir verfehlt), unbekannter, bekannter, namenloser, die auf der Wegkreuzung in Erscheinung traten, eine Weile vorhanden waren und wieder verschwanden, und der Verfasser wäre ich. Ich kenne den Titel des Buches und schreibe ihn nicht, denn der Titel eines Buches gilt seinem Ton, nicht seinem Inhalt oder seinem Stoff, er wird nicht erfunden oder hinzugefügt. Ungeschützter Wortlaut, mit dem ich lebe, solange ich in der Sache lebendig bin, solange die Sprache in mir ein Unwesen ist, das Stacheln zeigt und nicht gebändigt wird. Da jenes Buch nicht zustandekommt, bleibt es das schönste, das mir möglich ist, unbeweisbare Majestät aus Sprache, begeisternde Jacquerie meiner Hochstapelei, die in Luftgeschäften turnt und nichts an Boden verliert. Das Motto des Buches wäre ein Satz, den der unbekannte Gauner im Weinrausch rief: Wäre ich der Zar – ich würde hundert Rubel stehlen und verschwinden! Aber dieses Buch verfasse ich nicht. So bleibt mir der Hauch eines Wunders und ein Satz von Feth:
– den Wind zu wittern von den glühenden Ufern.
In jenem Buch, das nicht zustandekommt, wäre von einem Buch die Rede, das ein Zauberstück unter den Schriften ist:

ICH war ein Palmweintrinker, seit ich ein Knabe und zehn Jahre alt war. Ich hatte sonst keine Arbeit, mein Leben bestand darin, Palmwein zu trinken. In jenen Tagen kannten wir noch kein Geld außer Muschelgeld, so daß alles sehr billig war, – und mein Vater war der reichste Mann in unserer Stadt.

Mein Vater hatte acht Kinder, ich war der älteste unter ihnen, alle anderen arbeiteten hart, nur ich war ein Palmweintrinker, wie er im Buche steht. Ich trank Palmwein von morgens bis abends und von abends bis morgens. Ich konnte damals kein gewöhnliches Wasser mehr trinken, nur Palmwein.

Als mein Vater gewahr wurde, was mit mir los war, verpflichtete er einen erfahrenen Palmweinzapfer für mich, der hatte nichts anderes zu tun, als nur jeden Tag Palmwein zu zapfen. Mein Vater gab mir eine Farm, die neun Meilen groß war im Quadrat, – sie enthielt 560000 Palmbäume, und der Palmweinzapfer zapfte einhundertundfünfzig Fäßchen Palmwein an jedem Morgen, aber noch vor zwei Uhr nachmittags hatte ich alles getrunken. Danach ging er und zapfte noch einmal fünfundsiebzig Fäßchen am Abend, die ich in der Nacht trank bis zum andern Morgen. Ich hatte zahllose Freunde in dieser Zeit, sie tranken Palmwein mit mir vom Morgen bis spät in die Nacht.

Aber als mein Palmweinzapfer das fünfzehnte Jahr seiner Tätigkeit bei mir vollendete, da starb plötzlich mein Vater, und im sechsten Monat nach dem Tod meines Vaters ging eines Sonntagabends der Zapfer zur Farm, um für mich zu zapfen. Er kletterte, als er dort ankam, einen der höchsten Palmbäume hinauf, um zu zapfen, aber während er zapfte, fiel er ganz unerwartet herunter und starb am Fuße der Palme an den

Folgen seiner Verletzungen. Ich wartete darauf, daß er mir den Wein bringen würde, aber als ich sah, er kam nicht zeitig zurück und weil er mich vorher nie so lange hingehalten hatte, rief ich zwei meiner Freunde, sie möchten mich begleiten und mit mir zur Farm gehen. Wir kamen auch hin und schauten uns bei jedem Baum um, und nach einer Weile fanden wir ihn unter der Palme, wo er abgestürzt war und gestorben. Doch bevor ich sonst etwas tat, als ich ihn da tot liegen sah, kletterte ich einen Palmbaum in der Nähe dieses Platzes hinauf, zapfte Wein und trank ihn, bis mein Durst gestillt war, – dann kehrte ich zurück an den Platz. Danach gruben meine Freunde, die mich begleitet hatten, und ich ein Grab unter der Palme und beerdigten ihn dort, – später gingen wir zurück in die Stadt.

Als der frühe Morgen des nächsten Tages anbrach, hatte ich keinen Tropfen Palmwein zu trinken, und den ganzen Tag über fühlte ich mich nicht so fröhlich wie sonst. Ich saß düster in meiner Wohnung, und am dritten Tag ohne Palmwein kamen auch meine Freunde nicht mehr in mein Haus, sie ließen mich allein, ich hatte keinen Palmwein für sie zu trinken. Doch als ich eine Woche ohne Palmwein in meinem Hause zugebracht hatte, ging ich hinaus, in der Stadt sah ich einen von ihnen, ich grüßte ihn, er antwortete auch, aber er kam nicht zu mir, er machte sich hastig davon.

Ich bemühte mich, einen anderen erfahrenen Palmweinzapfer zu finden, aber ich konnte keinen bekommen, der den Palmwein so zapfte, wie ich es brauchte. Und weil also kein Palmwein zu trinken mehr da war, begann ich, gewöhnliches Wasser zu trinken, das ich vorher nicht angerührt hatte, – aber ich war nicht so glücklich damit wie mit Palmwein.

> Als ich schließlich sah, daß es keinen Palmwein mehr für mich gab und daß kein Mensch da war, der ihn für mich zapfte, da fiel mir ein, daß die alten Leute oft davon redeten: alle Menschen, die gestorben sind in dieser Welt, gingen nicht gleich und sofort in den Himmel – sondern sie lebten an einem Ort irgendwo in dieser Welt weiter. So daß ich mir sagte, ich würde schon herausfinden, wo mein Zapfer, der gestorben war, wäre. Und eines schönen Morgens nahm ich all meine angeborene Zauberkraft mit mir und auch die meines Vaters und verließ die Heimatstadt meines Vaters, um herauszufinden, wo er denn wäre, der gestorbene Zapfer.[24]

So beginnt die Odyssee des Palmweintrinkers. Es ist ein Buch, das von keiner Bezeichnung erreicht wird – Epos, Erzählung, Roman, Poem und Legende, ein Gewächs aus Folklore und Poesie – das alles kann es sein, das ist es nicht. Und der Verfasser, Amos Tutuola, ein Mensch, von keinem Etikett getroffen – Dichter, Erzähler, Epiker oder Poet? Schriftsteller, Märchenerzähler und Folklorist? Ich war in Nigeria und erkundigte mich, ihn kennenzulernen war mein erster Wunsch, und offenbar kein Problem, denn er war populär, man konnte mir sagen, wo er zu finden war: im Broadcasting-House in Ibadan. Also war Tutuola dort Redakteur, oder Mitarbeiter im Pressedienst?

Das Funkgebäude, weiß, sauber und uneinnehmbar, eine Festung aus Fortschritt, Technik und Kultur, war von Märkten, Handelsstraßen und Buden umgeben, arabischen Speisehäusern, Büros aus Brettern, Companies

24 Amos Tutuola, *Der Palmweintrinker*, München 1962

für Stoffe, Konserven, Cola, ambulanten Barbieren, Bettlern, Wasserverkäufern, Highlifemusiken, Geschrei – und Schläfrigkeit, die den echten Tagdieb vor Überforderung schützt. Der Weltraum Ibadan, eine schwarze Messe, war von Holz und Hitze zum Brennen voll, trocken, staubig, stinkend und überhellt, und das Innere des Funkgebäudes war cool and clean. Ein Club von Faulpelzen saß in der Lobby herum, Angestellte oder wunder was, in weißen Hemden irgendwas beweisend, der Name Tutuola bewies hier nichts, man betrachtete mich und sich selbst der Reihe nach; ein kleiner Ibo, gewitzter als seine Kollegen (er hatte im Gebäude nichts zu tun, er kam von draußen, kurz mal reingeredet), schien Tutuola hier unterbringen zu können, man unterhielt sich außerhalb meines Verstehens, kam dann auf Englisch zurück mit der Überzeugung, daß Mister Tutuola hier anwesend sei, nicht im Gebäude, aber drumherum, yessir, nosir, ich ging der Empfehlung nach, aus arktischer Aircondition zurück in die Tropen, über Böden aus Mud und Beton, im Schatten von Mangos, und geriet in die offene Tür einer Bretterbaracke, die schwach und locker an der Festung hing. Das war der Werkzeugschuppen der Funkanstalt. Regale voller Glühbirnen, Nägel und Zangen, Kabelrollen, Pinsel und Sprayinstrumente, dazwischen ein wortloser Mann in grauer Agbada, yessir, nosir mit dem erstaunlichen Schluß, daß Amos Tutuola vor mir stand. Er schien der Werkzeugverwalter des Hauses zu sein. Ich drückte den Wunsch aus, ihn kennenzulernen, erklärte, woher ich kam und wer ich war (ein Monolog, der nur mit Humor gelingt), und war erleichtert, daß der Verehrte lachte. Er bat mich zu warten, ich ging in die Lobby zurück – Mister Tutuola gefunden, Sir? Man krähte vor Vergnügen, daß dies der Fall war, und bot mir blondes Bier aus der Büchse an.

Nach zwanzig Minuten war Tutuola da. Er hatte sich gewaschen und umgezogen, weiße Agbada, neue Armbanduhr, doch schien er der stille Mensch geblieben, unauffällig weiß wie vorher grau. Wir saßen nebeneinander in Sesseln, voluminösen tiefen Lederschüsseln, hinter geschwungenen Ohrenpolstern verborgen, gleichsam Nase an Nase außer Sicht. Was man unter Gespräch versteht, als Verständigung oder Austausch bezeichnen kann, als gegenseitige Wahrnehmung apostrophiert – bewegte sich um die Ohrenpolster herum, mit gestreckten Hälsen über sie hinweg, mit vorgebeugten Köpfen an ihnen vorbei, angesichts einer bebrillten Staatsgestalt, die an der Wand gegenüber in Rahmen hing. Ich behaupte, daß wir Pidgin sprachen, Tutuola das rauhe Pidgin des Yoruba, mit lautem Lachen ohne Grund vermischt, ich selbst ein Buschräuber-Englisch, frei von Grammatik, auf den Straßen gelerntes kleines ABC, auf Mimik, Gestik und Stimme gerecht verteilt. Es ist nicht schwer, einander zu verstehn, wenn man einander zu verstehen glaubt (erfolgreich, wenn keine Sprache gemeinsam ist). Es ist amüsant, einander zu verstehn, wenn man einander verstehen will, sich entschlossen hat, zu verstehn und verständlich zu machen, ohne Rücksicht auf Sprache und Stimmkraft, mit Charme und Malice. »Um die Sprache zu überbrücken«, schreibt Dylan Thomas, »muß ich auf dem Kopf stehn, in den Brunnen fallen, Nüsse mit den Zähnen aufknacken und als Tarzan durch die Zypressen hüpfen. Ich bin auf italienisch sehr witzig, wenn auch ein wenig gewalttätig; ich brauche dazu viel Platz.« Die Verständigung mit Tutuola war leichter. Der Club der Faulpelze nahm an dem Schauspiel teil, man sah und hörte der Unterhaltung zu, unvoreingenommen, mit sichtbarer Freude, und half gelegentlich mit einem Wort.

Tutuola, ernst, aber lachend, hinter dem Polster: Yes!

Nach einer Weile, seitlich am Polster erscheinend: Christopher, where do you come from?

Und ich, in gleicher Höhe am Polster: From Berlin, Germany.

Tutuola schlug sich auf die Schenkel. Großes Lachen. Yes! Berlin. And what are you doing here?

Ich erzählte von Freunden in Kano und Oshogbo, und Hitchhike im Busch.

Tutuola: Yes! Great! Do you like my country?

Mir gefiel das Land, ich blieb eine Weile da, und hatte hier alles Mögliche erlebt.

Tutuola: Yes! Yes! Und nach einer Weile: Are you writer?

Und ich, sehr lebhaft: Yes!

Tutuola lachte wieder hinter den Polstern. German writer?

Yes.

Und er: What kind of writing – I mean –

Ich erklärte etwas, er nickte und lachte viel. Yes! O yes. No! O no! Ich versuchte, zu sagen, daß mir sein Buch gefiel, daß ich es liebte und daß es großartig war, auf deutsch und englisch gelesen undsoweiter, ich versuchte etwas zu sagen, er hörte zu.

The Palmwinedrinkard is one of my favorite books.

Sein Gesicht kam fast ernst aus langem Lachen hervor. Er hob die Augen und sah mich an.

Yes! sagte Tutuola, it is a wonderful story. Und freute sich wieder und fiel in den Sessel zurück.

Hier endete das Gespräch. Ich sah, daß der Zauberer

nicht viel von sich wußte. Er stimmte der eigenen Geschichte zu, weil er wußte, daß das Erzählte großartig war. Von seiner Art zu erzählen wußte er nichts. Er ging mit vierhundert Wörtern Pidgin um, und seine Art zu erzählen war ohne Vergleich – selbstgewiß, souverän, ohne Spekulation, von Ehrgeiz, Absicht und Skrupeln nicht verfälscht, in einer Tonart, die jeder verstand, aus Überlieferungen, die jeder kannte, und was er zur Story beigetragen, vielleicht durch Erfindung ergänzt hatte, war nicht viel – das gehörte zum Geschäft des Geschichtenerzählers, das wurde in Schulen, auf Straßen und Märkten erzählt. Er hatte nicht mehr getan, als aufzuschreiben, was in aller Mund und Ohren war. Er konnte dieselbe Geschichte im Fernsehn erzählen, und es war kein Unterschied zwischen ihm und ihr.

Er wußte nicht, und erfuhr vielleicht nie, was der Palmweintrinker sonst noch war: Weltliteratur.

Was hätte ihm diese Gewißheit bedeuten können.

Wenn wir unser Leben, schrieb André Gide, an der Straßenecke verdienen müßten, mit Geschichtenerzählen, wir würden alle vor Hunger krepieren.

Ich nicht, sagt Amos Tutuola.

Ich auch nicht, sagt Jubal der Tagdieb.

Die Polizei würde mich kassieren! ruft Angiolieri.

Ich würde gern mein Leben damit verdienen.

»So zeigte es sich, daß in dieser Welt niemand die Trommel schlagen kann wie die Trommel selbst, daß niemand tanzen kann, wie der Tanz selbst, und daß niemand singen kann, wie der Gesang selbst singen kann.«

Mister Tutuola begleitete mich. Wir liefen durch die heimischen Märkte, er stellte mich Freunden und Händlern vor, Haussas, Ibos, Griechen und Libanesen, und zwei Tage später war ich in seinem Haus. Sein Haus und was in ihm lebt ist eine schöne Geschichte, und gehört ins Buch, das nicht zustande kommt. Er holte ein paar Bücher aus dem persönlichen Schrank, sie stanken nach Mottenpulver und waren feucht (die Regenzeit dampfte in vielen Nächten), und schrieb mit Tinte in jedes Buch: For Mister Christopher/with compliments/of the author. Und darunter seinen Namen in sehr deutlicher Schrift A-M-O-S T-U-T-U-O-L-A.

Es ist Herbst geworden, das Jahr wird welk, Weinlaub und Nußlaub in ockergoldener Tönung. Die Pappeln verfärben sich, die Nordstürme kommen, verfaulte Äpfel liegen im Gras. Ich kann solche Sätze schreiben und sagen, sie treffen auf den Anblick der Landschaft zu. Pflaumen und Quitten fehlen in diesem Jahr, woran das liegt, kann hier keiner erklären. Pflaumen – das Wort ist haltbarer als sein Stoff. Quitten – das Wort beschwört einen Duft, der in jedem Herbst betörend war. Tage aus Rauchtopas und Azurit, weite Mittage, Wärme und Bienenton, und ich habe vergessene Verse für möglich gehalten.

ERWACHEN AM ENDE DES SOMMERS, WENN VOR DEN BERGEN DER HABICHT SCHWEBT IM GLÄNZENDEN MITTAG – aber das
steht nicht zur Debatte und ich bin
mit der Zeit allein. Wie ein alter
Seebär seinen Schatz vergrab ich
vollständig
mein Glück.

Die Jagd ist ausgebrochen, einmal mehr, Tontaubenschießen am Fluß und betrunkene Chasseure. Man hat ein verlaufenes Wildschwein angeschossen, es wird in unzugänglichen Schluchten verbluten, und man hat ein paar Füchse umgelegt, an Straßenbäumen und Ortsschildern aufgehängt. Ein einzelnes Rebhuhn flog aus dem Gehölz, wurde abgeknallt und verschwand, wo es lebte. Man schießt auf alles, was sich im Land bewegt, Katzen, Marder und Feldmäuse, Krähen und Elstern, ich habe unverletzte Federn gefunden, die ich beim Ätzen von Zinkblech verwenden kann, ich kann sie zu Büchern auf die Regale legen, sie liegen auf leeren Tischen und sammeln Staub. Da es kein Wild mehr gibt, erzählt man von Jagden, die aus Mangel an Opfern entstanden sind: wie man, im Lastwagen fahrend, Dachse killt, Kröten, Schlangen und Maulwürfe überfährt. In Läden der Kleinstädte kann man Lockvögel kaufen, in Käfigen singende, die man ins Buschwerk hängt, und bemalte Holzmodelle, vereinfachte Formen (sie erinnern mich an Brancusi und Mataré), die sichtbar auf Steinen im Gelände stehn. An Abenden und Morgen höre ich Schüsse, ihr Echo flappt gegen Felsen, verhallt in den Bergen, Fremde mit Hunden kommen am Haus vorüber, *Blutgebell* ist ein altes Wort.

Die Nächte sind kühl, Angiolieri ist wieder da, er ist vor Mitternacht von den Bergen gekommen, nasse Stiefel, feuchte Hosenbeine, einmal gerufen gilt für viele Nächte. Er kommt in blauer Leinenjacke, wie jeder Farmer und Handwerker hier, und sieht wie ein spanischer Gastarbeiter aus. Die Finger sind von Nußschalen schwarz, die Zähne von Brombeeren stumpf und blau. In den Taschen Fallobst, unreife Birnen, die klein und holzig sind und sauer bleiben. Es erwarten ihn Brot und Wein wie in jeder Nacht. Er sieht die Papiere auf dem Tisch und freut sich, sein Interesse ist spöttisch, sein Begreifen kalt. Dreißig Fassungen, und kein Ergebnis? Ich sehe, du steckst in vergeblicher Arbeit fest. Nichts bringt dich weiter, kein Einfall und keine Idee. Du machst einen Gegenstand aus Sprache, da hilft dir weder Poetik noch Theologie. Einfall ist in der Kunst eine kleine Einheit, Idee eine große. Eine zu leichte, eine zu schwere Einheit – in der Balance wirft Poesie alle beide ab.

Angiolieri lacht und meint, es geschieht uns recht.

Vergebliches Arbeiten, Leerlauf von Zeit und Kraft, das ist ein Teil des Handwerks, den er beherrschen muß, er lernt mit ihm umgehn oder er resigniert. Es scheint, daß eben Schriftsteller Leute sind, die die Fähigkeit besitzen oder trainieren, das Vergebliche auszuhalten, es ist ihr Talent. Nach dreißig Fassungen und sieben Jahren ist der Gegenstand abgelagert, er ist kalt, und der Autor frei von Temperatur. Er kann jetzt kennenlernen, was er machte, er trifft seinen Text in einer Einschätzung wieder, die nüchtern ist und enttäuschend wäre für den, der Poesie für etwas Schönes hält. Der Gegenstand ist gemacht, die Geduld verbraucht, die Hoffnung erloschen. Der Autor ist noch da, das Gedicht ist weg.

Mag Angiolieri recht haben oder nicht – den Fehler anderer wird er nicht machen: daß er der Kunst und sich selbst kein Vergnügen gönnt. Er weiß, und ich weiß, daß Arbeit Vergnügen ist, und daß wir gerne, lieber, am liebsten lesen, was mit Leidenschaft gestaltet, mit Lust gemacht ist. Abgründiges Vergnügen, heillose Freude, frei von Genugtuung, Rechthaben oder Applaus, und was wäre ein Homo faber der Luftgeschäfte, wenn er beanspruchte, seriös zu sein. Ich habe immer gemacht, was ich machen wollte, ohne Rücksicht, Vorsicht und Nebenabsicht, sagt Jubal der Tagdieb und weiß: er nimmt mir das Wort aus dem Mund. Einflüsse, Vorbilder und dergleichen – ich habe mir angeeignet, was ich brauchte, und habe abgestoßen, was mir nicht fehlte, ich jongliere Geben und Nehmen in offener Komplicenschaft.

Dieser Jubal, sagt Angiolieri. Wer ist diese ständige Stimme aus dem Off. Der Tagdieb erscheint nicht, er hat aber immer recht.

Jubal der Tagdieb – wer das wüßte! Er ist und bleibt eine unbekannte Gestalt, eine erste tragende Säule der Weltliteratur. Überlieferte Werke gibt es nicht (etwas Besseres konnte ihm nicht passieren). Außer dem Namen gibt es *einen* Satz, er steht im Alten Testament: Jubal, von dem sind hergekommen die Geiger und Pfeifer. Jubal ist der König der Musikanten. Er ist der erste in jenem Raum, in dem die Sprachen lebendig bleiben und Literatur sind.

Weltpoesie, es gibt keine andere.

Es gibt unzählige, ruft Angiolieri, Archive und Windrosen voll davon. Nationale, verstaatlichte, religiöse, regionale oder provinzielle – was noch? Realistische, akademische, triviale, Arbeiter- Kinder- Frauenliteratur, experimentelle, moderne, okkulte, verschollene Literaturen und unerschlossene, übersetzte Literaturen und nicht übersetzte, in babylonischem Simultanbetrieb, der jede Fisimatente möglich macht. Jedes Stück Poesie gehört einer Literatur, steckt in ihr fest und möchte raus.

Weltpoesie, ein Wort, das wir schätzen und lieben, Angiolieri hat es von mir. Ein Synonym für Unerschöpflichkeit. Weltliteratur, was alles kann das sein. Es war in der Kindheit ein geahntes Wunder, das unter den Büchern meines Vaters fehlte. Es gab dort, zum Lesen empfohlen, die deutsche Klassik, Stifter, Goethe, Eichendorff, Thomas Mann und Rilke, verhäuslichte Riesentiere der Deutschen, und es dauerte ein paar Jahre, bis ich sie in der Weltliteratur entdeckte. Alles andere war außer Haus, in der Stadtbibliothek eine lebenslängliche Liste, die mit Anakreon und Aksakov begann. Weltliteratur, wie Licht und Tod eine Sache, die einen Anfang und kein Ende hat. Sie ist ein Wissen, viel mehr noch ein Wissenwollen, beständige, wachsende Neugier und Lust auf Sprache. Sie schleicht sich in unvertraute Idiome ein, sie treibt sich in Schrift und Dialekt herum, in Schreibweise, Lesart und Adaption, stiehlt, kauft, besitzt, belagert und erobert Bücher, verwandelt Wortschätze in Privatbesitz, Poesie jeder Art und was dazu gehört: Phonetik, Grammatik und Literaturgeschichte, Zeit- und Weltgeschichte und Weltgeschehen, nichts was von Entdeckung ausgeschlossen, von Leselust unberührt bleibt. Ich habe finnische und rumänische Bücher, das heißt: mir unbekannte Sprachen gelesen, und in ihnen entdeckt, was ich wissen wollte, unwegsamer als üblich und stark retardiert, über Eselsbrücken nach Glockenreich stolpernd, von unerwarteten Studien zu träumen verführt, in wunderlichen Recherchen untergetaucht, und ich verstehe nicht, sagt Jubal der Tagdieb, wie ein Mensch sich selbst des unerhörten Vergnügens, des Abenteuers, zu lesen, berauben kann, auf die Erkenntnis von Existenz verzichtet, sich die Entdeckung seiner selbst versagt. Wie könnte ich Frauen begreifen wollen, die in Schaukelstühlen liegend, fragen: was soll ich lesen? Weltliteratur, Weltpoesie – es ist die Vergegenwärtigung der Welt, ihrer realen und transcendenten Geschäfte, Zeitgenossenschaft in vielen Zeiten – Angiolieri höhnt, daß ich übertreibe –, und ist die Übersetzung aus Zeit und Raum, Epochen, Sprachen, Leben und Biografie, in uneingeschränkte Gegenwart. Die ganze Welt und ein Roman von Nabokov. Die ganze Welt und ein Vers von

Robinson Jeffers. Aus allen Sprachen tauchen Texte auf. Sie kommen aus hinterbergischen Dialekten, aus Großraumrepubliken der Literatur, Bücher, die man für Kleingedrucktes hielt, Autoren, die man nie anders sah, als auf Ofenbänken des Zeitgeistes schnarchend, klassenlose Gesellschaft der Sprachen und Formen, ob das Bylinen, Songs oder Oden sind, Segalens Essayistik, David Vogels Lyrik, Pasolinis Gedichte oder Plumploris Mixturen. Unerschöpflichkeit, sagt Jubal der Tagdieb. Ich fand die schottischen Lieder von Robert Burns, den Mireilou von Frédéric Mistral, und finde weit draußen in der Weltpoesie, nicht unerwartet, ein großes Poem, eines das größer wird, sagt Angiolieri, ich höre dir zu, du erklärst mir nichts.

DIE VERGÄNGLICHKEIT

Gespräch auf der Straße nach Basel, zwischen Steinen und Brombach, in der Nacht

DER BUEB SAIT ZUEM ÄTTI:

Fast allmool, Ätti, wenn mer's Röttler Schloß
so vor den Auge stoht, se denk i dra,
öb's üüsem Huus echt au emool so goht.
Stoht's denn nit dört so schuudrig wie der Tod
im Basler Totetanz? Es gruuset aim,
wie länger as me's bschaut. Un üüser Huus,
es sitzt jo wie ne Chilchli uf em Berg,
un d'Fenster glitzeren, es isch a Staat.
Schwätz, Ätti, goht's em echterst au no so?
I main emool, es chönn schier gar nit sii.

DER ÄTTI SAIT:

Du guete Burst, 's cha friili sii, was mainsch?
's chuunt alles jung un neu, un alles schliicht
im Alter zue, un alles nimmt en End,
un nüt stoht still. Hörsch nit, wie 's Wasser ruuscht,
un sihsch am Himmel obe Stern an Stern?
Me maint, vo alle rüehr si kain, un doch
ruckt alles wyters, alles chunnt un goht.
Jee, 's isch nit anderst, lueg mi a, wie d'witt.
De bisch no jung; Närsch, i bi au so gsi,
jetz würd's mer anderst. 's Alter, 's Alter chuunt,
un wo n i gang, go Gresgen oder Wis,
in Feld un Wald, go Basel oder haim,
's isch ainerlai, i gang im Chilchhof zue –
briegg alder nit! – un bis de bisch wie n i,
o gstandne Maa, se bin i nümme do,
un d'Schoof un Gaiße waiden uf mym Grab,
jo wegerli; un 's Huus wird alt un wüest;
der Rege wäscht der's wüester alli Nacht,
un d'Sunne blaicht der's schwärzer alli Tag,
un im Vertäfer popperet der Wurm.
Es regnet no dur d'Bühni ab, es pfiift
der Wind dur d'Chlimse. Drüber tuesch du au
no d'Auge zue; es chömme Chindeschind
un pletze dra. Zletscht fuult's im Fundement,
un 's hilft nüt meh. Un wemme nootnoo gar
zwaituusig zehlt, isch alles zemmekeit;
un 's Dörfli sinkt no selber in sy Grab.
Wo d'Chilche stoht, wo 's Vogts un 's Heere Huus,
goht mit der Zyt der Pflueg. –

DER BUEB SAIT:

Nai, was de saisch!

DER ÄTTI SAIT:

Jee, 'isch nit anderst, lueg mi a wi e d'witt!
Isch Basel nit e schöni, tolli Stadt?
's sinn Hüüser drin, 's isch menggi Chilche nit
so groß, un Chilche, 's sinn in menggem Dorf
nit so viil Hüüser. 's isch e Volchspil, 's wohnt
e Riichtum drin, un mengge brave Heer,
un mengge, wo n i chennt ha, lyt scho lang
im Chrützgang hinterm Münsterplatz un schlooft.
's isch aitue, Chind, es schlacht emool e Stund,
goht Basel au ins Grab, un streckt no do
un dört e Glid zuem Boden uus, e Joch,
en alte Turn, e Gibelwand; es wachst
do Holder druf, do Büechli, Tanne dört
un Moos un Farn, un Raiger niste drin –
's isch schad derfür! – Un sinn bis dörthi d'Lüt
so närsch wie jetz, se göhn au Gspenster um.
D'Frau Faste, 's isch mer jetz, si fang scho a,
me sait's emool – der Lippi Läppeli,
un was waiß i, wer meh. Was stoßisch mi?

DER BUEB SAIT:

Schwätz liisli, Ätti, bis mer über d'Bruck
do sinn un do an Berg un Wald verbei!
Dört obe jagt e wilde Jäger, waisch?
Un lueg, do niden in de Hürste seig
gwiß 's Eiermaidli glege, halber fuul,
's isch Johr un Tag. Hörsch, wie der Laubi schnuuft?

DER ÄTTI SAIT:

Er het der Pfnüsel. Seig doch nit so närsch!
Hüst, Laubi, Merz! – Un loß die Tote goh;
si tüen der nüt meh! – Jee, was han i gsait?
Vo Basel, aß es au emool verfallt. –
Un goht in langer Zyt e Wandersmaa,
ne halbi Stund, e Stund wyt dra verbei,
se luegt er dure, lyt ke Nebel druf,
un sait sym Kamerad, wo mit em goht:
»Lueg, dört isch Basel gstande! Selle Turn
seig d'Peterschilche gsi; 's isch schad derfür!«

DER BUEB SAIT:

Nai, Ätti, isch's der Ernst? Es cha nit sii!

DER ÄTTI SAIT:

Jee, 's isch nit anderst, lueg mi a, wie d' witt.
Un mit der Zyt verbrennt die ganzi Welt.
Es goht e Wächter uus um Mitternacht,
e fremde Maa, me waiß nit, wer er isch;
er funklet wie ne Stern un rüeft: »*Wacht auf*!
Wacht auf, es kommt der Tag!« – Drob rötet si
der Himmel, un es dundret überal,
zerst haimli, alsgmach luut, wie sellemool,
wo Anno sechsenünzgi der Franzos
so uding gschosse het. Der Bode wankt,
aß d'Chilchtürn guuge; d'Glocke schlagen a
un lütte selber Bettzyt wyt un brait,
un alles bettet. Drüber chunnt der Tag;
o, bhüet is Gott, me bruucht ke Sunn derzue:
der Himmel stoht im Blitz un d'Welt im Glast.

Druf gschiht no viil, i ha jetz nit der Zyt;
un endli zündet's a un brennt un brennt,
wo Boden isch, un niemes löscht. Es glumst
wohl selber ab. Wie mainsch, siht's uus dernoo?

DER BUEB SAIT:

O Ätti, sag mer nüt me! Zwor, wo goht's
de Lüte denn, wenn alles brennt un brennt?

DER ÄTTI SAIT:

He, d'Lüt sinn nümme do; wenn's brennt, si sinn –
wo sinn si? Seig du fromm un halt di wohl;
geb, wo de bisch, un bhalt dy Gwisse rain!
Sihsch nit, wie d'Luft mit schöne Sterne prangt?
's isch jede Stern vergliichlige ne Dorf,
un wyter obe seig e schöni Stadt;
me siht si nit vo do; un haltsch di guet,
se chunnsch in so ne Stern, un 's isch der wohl
un findsch der Ätti dört, wenn's Gottswill isch,
un 's Chünggi selig, d'Muetter. Öbbe fahrsch
au d'Milchstrooß uf in die verborgni Stadt,
un wenn de sytwärts abeluegsch, was sihsch?
e Röttler Schloß! Der Belche stoht verchohlt,
der Blauen au, as wie zwee alti Türn,
un zwischedrin isch alles uusebrennt
bis tief in Boden abe. D'Wise het
ke Wasser meh; 's isch alles öd un schwarz
un totestill, so wyt me luegt. Das sihsch,
un saisch dym Kamerad, wo mit der goht:
»Lueg, dört isch d'Erde gsi, un selle Berg
het Belche ghaiße! Nit gar wyt dervo
isch Wislet gsi; dört han i au scho glebt

un Stiere gwettet, Holz go Basel gfüehrt
un broochet, Matte graust un Liechtspöö gmacht
un gvätterlet bis an my selig End;
un möcht jetz nümme hi.« – *Hüst, Laubi, Merz!*[25]

Angiolieri stellt sich vor mich hin, legt den Finger an die Nase, sieht mich an und sagt: Nein.

Und ich: Richtig.

Und er: Hast du mich verstanden?

Und ich: Vollkommen.

Und er: Nun, so reden wir nicht weiter.

Es ist eine klare Herbstnacht, die Türen sind offen, der Nordwind stößt in den Raum und bewegt Papiere, schluckt Geräusche und vertreibt die Motten. Sie gehören Jubal dem Tagdieb und seinen Gedichten, das heißt: den Kamellen, die man ihm unterschiebt (nichts provoziert so stark wie ein Poet, der keine Zeile vorzuweisen hat):

still
es ist eine Motte
in unsern Kleidern
nur eine Motte
ich erkenne sie
am Staub auf den Flügeln
er ist grau
ohne Merkmal.[26]

Angiolieri legt sich auf den Boden – die Steinplatten sind vom Sommer warm –, dreht das Gesicht zur Wand und schläft. Es ist ein guter Schlaf, ein sorgloses Atmen, es

25 Johann Peter Hebel, *Gesammelte Werke*, Berlin/DDR 1958
26 Christoph Meckel, *Das Buch Jubal*, Düsseldorf 1987

besitzt Vertrauen in Raum und Zeit. So schlafen Poor Tom, Mad Maulkin und Moèl, August Weltumsegler und Ostap Bender, Charly-Charlot, wenn er Pech hat – wer noch? Der Arme Augustin und Jean le Bleu, Ulenspiegel und Wegstaub der Fatalist, Chossel der Ungewaschene und Bontsche Schweig. Die Unterhaltung ist zu Ende, die gesagten Worte sind nicht mehr da. Das Unerschöpfliche ist im Raum wie immer, Brot, Wein und Wasser sind auf dem Tisch. Der nächtliche Augenblick gibt mir die Gewißheit, daß ich im Fehlenden und in der Fülle bin, in der Materie und im Raum ohne Stoff, auf Vermögen und Unvermögen gut verteilt, im von mir Gemachten und Gelebten zugleich, und daß ich damit kein Verdienst behaupte, sondern im Menschenmöglichen atmen kann. Eines Nachts, im D-Zug Paris – Berlin, ich war allein und versuchte zu schlafen, kam ein Mensch ins Abteil, nahm Platz und blieb. Er störte mich nicht, ich schlief oder glaubte, zu schlafen, wurde dann wach und fand einen alten Mann, der aus schläfriger Entfernung herübersah. Neben ihm stand ein bedecktes Ding, vielleicht ein Korb. Wir grüßten, ich schlief oder glaubte zu schlafen, und wurde vor der Grenze von ihm geweckt. Er nahm ein Tuch von dem Korb und hielt ihn hoch, es war ein Kasten aus Glas und in ihm ein Ding, klein, still und dunkel, vielleicht ein Tier, ich konnte nicht sehn, ob es saß oder lag, tot und befestigt oder lebendig war. Der alte Mann nickte mir zu, ohne Stimme, heiter, bedeckte den Kasten und verließ das Abteil.

Abschließend

Ich danke dem Zufall für das Hotel Molière
und der Stadt Jaljil für die Chance, sie zu erfinden
Jean Giono für den Satz JE PAYERAIS POUR
ÉCRIRE
und Noga Gal-Ed, deren Stimme mich erkennen
ließ, daß das Wort LUFTGESCHÄFTE mein
Eigentum sein kann
Lea Goldberg für ein Buch über Avraham Ben Yitzhak
der Himmlischen Landschaft und meinem Vater für
Johann Peter Hebels Vergänglichkeit
Antonello da Messina für das Bildnis eines Unbe-
kannten, in dem ich Angiolieri zu erkennen
glaubte
Jewgenij Baratynski, der, einmal für immer beschwo-
ren, meiner Komplizenschaft nicht müde wurde
dem Blick aus dem Fenster auf das Bergland von
Arnayon
den Malven vorm Fenster, dem Wort Tarfé,
und vielem mehr.*

* Nicht kenntlich gemachte, meist kurze Zitate sind von Georg Büchner, Ingeborg Bachmann, Hugo von Hofmannsthal, Max Beckmann, Saint-John Perse und Angiolieri.
Sämtliche Gedichte und Texte ohne Anmerkung sind aus dem Manuskript des Autors. Die Angiolieri und Manuello Giudeo zugeschriebenen Gedichte sind vom Autor, die dazugehörenden Szenen wurden von ihm erfunden.

Deutsche Literatur
in der edition suhrkamp:
Prosa

Eva-Maria Alves: Maanja. Meine Freundin, meine Mutter, meine Puppe. Eine Anrufung. Zeichnungen: Alexandra Albrand. es 1159
– Neigung zum Fluß. Mit 16 Fotos von Christiane P. Scharlau. es 1083
Renato P. Arlati: Auf der Reise nach Rom. Prosa. Auswahl und Nachwort von Franz Böni. es 1053
Reinhold Batberger: Drei Elephanten. es 1459
Martin Roda Becher: Unruhe unter den Fahrgästen. ›Aufzeichnungen‹. es 1352
Jürgen Becker: Umgebungen. es 722
Thomas Bernhard: Die Billigesser. es 1006
– Prosa. es 213
– Ungenach. Erzählung. es 279
– Watten. Ein Nachlaß. es 353
Franz Böni: Alvier. Erzählungen. Mit einem Nachwort von Samuel Moser. es 1146
– Hospiz. Erzählung. es 1004
– Der Johanniterlauf. Fragment. es 1198
Nicolaus Bornhorn: Der Film der Wirklichkeit. es 1154
Volker Braun: Berichte von Hinze und Kunze. es 1169
– Es genügt nicht die einfache Wahrheit. Notate. es 799
Bertolt Brecht: Die Geschäfte des Herrn Julius Caesar. Romanfragment. es 332
– Prosa. Bd. 1-4. es 182-185
– Der Tui-Roman. Fragment. es 603
Hans Christoph Buch: Der Herbst des großen Kommunikators. Amerikanisches Journal. es 1344
Michael Buselmeier: Der Untergang von Heidelberg. es 1057
Esther Dischereit: Joëmis Tisch. Eine jüdische Geschichte. es 1492
Hans Magnus Enzensberger: Das Verhör von Habana. es 553
– Der Weg ins Freie. Fünf Lebensläufe überliefert von Hans Magnus Enzensberger. es 759
Gerold Foidl: Scheinbare Nähe. es 1237
Max Frisch: Ausgewählte Prosa. Nachwort von Joachim Kaiser. es 36
Peter Greiner: Wie Bombenleger-Charly leben ... Sozialverhalten. Geschichten und Szenen. es 1356
Norbert Gstrein: Einer. Erzählung. es 1483
Reto Hänny: Ruch. Ein Bericht. es 1295
– Zürich, Anfang September. es 1079
Peter Handke: Phantasien der Wiederholung. es 1168

300/1/5.88

Deutsche Literatur in der edition suhrkamp: Prosa

Hermann Hesse: Tractat vom Steppenwolf. Nachwort von Beda Allemann. es 84

Uwe Johnson: Karsch, und andere Prosa. Nachwort von Walter Maria Guggenheimer. es 59

– Versuch einen Vater zu finden. Marthas Ferien. Toncassette mit Textheft. es 1416

Bodo Kirchhoff: Body-Building. Erzählung, Schauspiel, Essay. es 1005

Alexander Kluge: Gelegenheitsarbeit einer Sklavin. Zur realistischen Methode. es 733

– Lernprozesse mit tödlichem Ausgang. es 665

– Neue Geschichten. Hefte 1-18. ›Unheimlichkeit der Zeit‹. es 819

– Schlachtbeschreibung. Roman. es 1193

Werner Koch: Intensivstation. Erzählung. es 1173

Wolfgang Koeppen: Morgenrot. Anfänge eines Romans. es 1454

Franz Xaver Kroetz: Frühe Prosa/Frühe Stücke. es 1172

Dieter Kühn: Ausflüge im Fesselballon. Roman. Neufassung. es 656

Jürg Laederach: Der zweite Sinn. Unsentimentale Reise durch ein Feld Literatur. es 1455

Jean Lessenich: »Nun bin ich die niemals müde junge Hirschfrau oder der Ajilie-Mann«. es 1308

Gertrud Leutenegger: Das verlorene Monument. es 1315

Uwe Maeffert: Bruchstellen. Eine Prozeßgeschichte. es 1387

Gert Mattenklott: Blindgänger. Physiognomische Essays. es 1343

Frank-Wolf Matthies: Tagebuch Fortunes. es 1311

Friederike Mayröcker: Magische Blätter. es 1202

– Magische Blätter II. es 1421

Bodo Morshäuser: Revolver. es 1465

Erika Runge: Frauen. Versuche zur Emanzipation. es 359

Einar Schleef: Die Bande. Erzählungen. es 1127

Peter Schwacke: Carte Blanche. Erzählungen. es 1164

Karin Struck: Kindheits Ende. Journal einer Krise. es 1123

– Klassenliebe. Roman. es 629

Thank You Good Night. Herausgegeben von Bodo Morshäuser. Alle Fotos: Michael Strauss. es 1227

Joachim Veil: Die Wiederkehr des Bumerangs. es 1137

Walter Vogl: Hassler. Frequenzritte eines Straßenkehrers. es 1182

Von nun an. Neue deutsche Erzähler. Herausgegeben von Hans-Ulrich Müller-Schwefe. es 1003

Martin Walser: Die Gallistl'sche Krankheit. Roman. es 689

– Geständnis auf Raten. es 1374

300/2/5.88

Deutsche Literatur
in der edition suhrkamp:
Prosa

Martin Walser: Lügengeschichten. es 81
Peter Weiss: Abschied von den Eltern. Erzählung. es 85
– Fluchtpunkt. Roman. es 125
– Das Gespräch der drei Gehenden. es 7
– Der Schatten des Körpers des Kutschers. es 53
Sinclair (P. Weiss): Der Fremde. Erzählung. es 1007
Josef Winkler: Die Verschleppung. Njetotschka Iljaschenko erzählt ihre russische Kindheit. es 1177

300/3/5.88

Deutsche Literatur in der edition suhrkamp: Drama

Thomas Bernhard: Der deutsche Mittagstisch. Dramolette. Mit zahlreichen Abbildungen. es 1480
– Ein Fest für Boris. es 440
Thomas Brasch: Frauen – Krieg – Lustspiel. Ein Stück. es 1469
Volker Braun: Gesammelte Stücke. Zwei Bände. es 1478
Bertolt Brecht: Der aufhaltsame Aufstieg des Arturo Ui. es 144
– Aufstieg und Fall der Stadt Mahagonny. Oper. es 21
– Baal. Drei Fassungen. Kritisch ediert und kommentiert von Dieter Schmidt. es 170
– Baal. Der böse Baal der asoziale. Texte, Varianten, Materialien. Kritisch ediert und kommentiert von Dieter Schmidt. es 248
– Das Badener Lehrstück vom Einverständnis. Die Rundköpfe und die Spitzköpfe. Die Ausnahme und die Regel. Drei Lehrstücke. es 817
– Der Brotladen. Ein Stückfragment. Bühnenfassung und Texte aus dem Fragment. es 339
– Die Dreigroschenoper. es 229
– Einakter und Fragmente. es 449
– Furcht und Elend des Dritten Reiches. es 392
– Die Gesichte der Simone Machard. es 369
– Die Gewehre der Frau Carrar. es 219
– Der gute Mensch von Sezuan. Parabelstück. es 73
– Die heilige Johanna der Schlachthöfe. es 113
– Herr Puntila und sein Knecht Matti. Volksstück. es 105
– Im Dickicht der Städte. Erstfassung und Materialien. Ediert und kommentiert von Gisela E. Bahr. es 246
– Der Jasager und Der Neinsager. Vorlagen, Fassungen, Materialien. Herausgegeben und mit einem Nachwort versehen von Peter Szondi. es 171
– Der kaukasische Kreidekreis. es 31
– Kuhle Wampe. Protokoll des Films und Materialien. Ediert von Wolfgang Gersch und Werner Hecht. es 362
– Leben des Galilei. Schauspiel. es 1
– Leben Eduards des Zweiten von England. Vorlage, Texte und Materialien. Ediert von Reinhold Grimm. es 245
– Mann ist Mann. Die Verwandlung des Packers Galy Gay in den Militärbaracken von Kilkoa im Jahre neunzehnhundertfünfundzwanzig. Lustspiel. es 259
– Die Maßnahme. Kritische Ausgabe mit einer Spielanleitung von Reiner Steinweg. es 415

301/1/5.88

Deutsche Literatur
in der edition suhrkamp:
Drama

Bertolt Brecht: Die Mutter. es 200
– Mutter Courage und ihre Kinder. Eine Chronik aus dem Dreißigjährigen Krieg. es 49
– Der Ozeanflug. Die Horatier und die Kuratier. Die Maßnahme. es 222
– »Die Rundköpfe und die Spitzköpfe«. Bühnenfassung, Einzelszenen, Varianten. Herausgegeben von Gisela Bahr. es 605
– Schweyk im zweiten Weltkrieg. es 132
– Stücke. Bearbeitungen. Bd. 1. es 788
– Stücke. Bearbeitungen. Bd. 2. es 789
– Die Tage der Commune. es 169
– Trommeln in der Nacht. Komödie. es 490
– Das Verhör des Lukullus. Hörspiel. es 740
Tankred Dorst: Toller. es 294
Max Frisch: Biedermann und die Brandstifter. Ein Lehrstück ohne Lehre. Mit einem Nachspiel. es 41
– Die Chinesische Mauer. Eine Farce. es 65
– Don Juan oder Die Liebe zur Geometrie. Komödie in fünf Akten. es 4
– Frühe Stücke. Santa Cruz. Nun singen sie wieder. es 154
– Graf Öderland. Eine Moritat in zwölf Bildern. es 32
Günter Grass: Hochwasser. Ein Stück in zwei Akten. es 40
Peter Handke: Kaspar. es 322
– Publikumsbeschimpfung und andere Sprechstücke. es 177
– Der Ritt über den Bodensee. es 509
– Wind und Meer. Vier Hörspiele. es 431
Heinar Kipphardt: In der Sache J. Robert Oppenheimer. Ein szenischer Bericht. es 64
Franz Xaver Kroetz: Bauern sterben. es 1388
– Frühe Prosa/Frühe Stücke. es 1172
– Furcht und Hoffnung der BRD. Das Stück, das Material, das Tagebuch. es 1291
– Heimarbeit. Hartnäckig. Männersache. Drei Stücke. es 473
– Mensch Meier. Der stramme Max. Wer durchs Laub geht ... Drei neue Stücke. es 753
– Nicht Fisch nicht Fleisch. Verfassungsfeinde. Jumbo-Track. Drei Stücke. es 1094
– Oberösterreich. Dolomitenstadt Lienz. Maria Magdalena. Münchner Kindl. es 707

301/2/5.88

Deutsche Literatur in der edition suhrkamp: Drama

Franz Xaver Kroetz: Stallerhof. Geisterbahn. Lieber Fritz. Wunschkonzert. Vier Stücke. es 586

Dieter Kühn: Goldberg-Variationen. Hörspieltexte mit Materialien. es 795

Gertrud Leutenegger: Lebewohl, Gute Reise. Ein dramatisches Poem. es 1001

Friederike Roth: Die einzige Geschichte. Theaterstück. es 1368

– Das Ganze ein Stück. es 1399

– Krötenbrunnen. Ein Stück. es 1319

George Tabori: Unterammergau oder die guten Deutschen. es 1118

Martin Walser: Eiche und Angora. Eine deutsche Chronik. es 16

– Ein fliehendes Pferd. Theaterstück. Mitarbeit Ulrich Khuon. es 1383

– Ein Kinderspiel. Stück in zwei Akten. es 400

Peter Weiss: Der neue Prozeß. Stück in drei Akten. es 1215

– Stücke I. Der Turm. Die Versicherung. Nacht mit Gästen. Mockinpott. Marat/Sade. Die Ermittlung. es 833

– Stücke II. 2 Bände. Gesang vom Lusitanischen Popanz. Viet Nam Diskurs. Hölderlin. Trotzki im Exil. Der Prozeß. es 910

– Die Verfolgung und Ermordung Jean Paul Marats, dargestellt durch die Schauspielgruppe des Hospizes zu Charenton unter Anleitung des Herrn de Sade. Drama in zwei Akten. es 68

301/3/5.88

Deutsche Literatur
in der edition suhrkamp:
Lyrik

Jürgen Becker: Ränder. es 351
Bertolt Brecht: Ausgewählte Gedichte. Auswahl von Siegfried Unseld. Nachwort von Walter Jens. es 86
– Buckower Elegien. Mit Kommentaren von Jan Knopf. es 1397
– Gedichte und Lieder aus Stücken. es 9
– Gesammelte Gedichte. Bd. 1-4. Herausgegeben vom Suhrkamp Verlag in Zusammenarbeit mit Elisabeth Hauptmann. es 835-838
Hans Georg Bulla: Weitergehen. Gedichte. es 1002
Michael Buselmeier: Radfahrt gegen Ende des Winters. Gedichte. es 1148
Paul Celan: Ausgewählte Gedichte. Zwei Reden. Nachwort von Beda Allemann. es 262
Günter Eich: Botschaften des Regens. Gedichte. es 48
Hans Magnus Enzensberger: Blindenschrift. es 217
– Die Furie des Verschwindens. Gedichte. es 1066
– Landessprache. Gedichte. es 304
Walter Gröner: Ein rasend hingehauchtes Herbsteslicht. Bergeller Gedichte – Puisía. es 1371
Peter Handke: Die Innenwelt der Außenwelt der Innenwelt. es 307
Uwe Kolbe: Abschiede. Und andere Liebesgedichte. es 1178
– Bornholm II. Gedichte. es 1402
– Hineingeboren. Gedichte 1975-1979. Mit einer Nachbemerkung von Franz Fühmann. es 1110
Karl Krolow: Ausgewählte Gedichte. Nachwort von Hugo Friedrich. es 24
– Landschaften für mich. Neue Gedichte. es 146
– Schattengefecht. es 78
Dieter Leisegang: Lauter letzte Worte. Gedichte und Miniaturen. Herausgegeben von Karl Corino. es 1021
Meret Oppenheim: Husch, husch, der schönste Vokal entleert sich. Gedichte, Zeichnungen. Herausgegeben und mit einem Nachwort versehen von Christiane Meyer-Thoss. es 1232
Robert Schindel: Geier sind pünktliche Tiere. Gedichte. es 1429
– Ohneland. Gedichte vom Holz der Paradeiserträume 1979-1984. es 1372
Sabine Techel: Es kündigt sich an. Gedichte. es 1370
Hans-Ulrich Treichel: Liebe Not. Gedichte. es 1373
Ernest Wichner: Steinsuppe. Gedichte. es 1493

302/1/5.88